Bienvenidos al mundo de las mandalas para colorear.

Te invitamos a explorar 125 mandalas cautivadoras, cada una esperando ser adornada con la riqueza de tu imaginación y creatividad. Antes de nada, permíteme sobre esta práctica, su historia y destacando las virtudes transformadoras que colorear mandalas puede ofrecer.

Las mandalas, con su rica historia y profundo simbolismo, han tejido su presencia a lo largo de los siglos, emanando de diversas culturas y tradiciones a lo largo del mundo. Su origen se remonta a civilizaciones antiguas, encontrando sus raíces más tempranas en la India, donde el término "mandala" proviene del sánscrito y significa "círculo" o "disco". Estos intrincados diseños circulares eran utilizados en contextos espirituales y rituales, sirviendo como representaciones simbólicas de la totalidad del universo y de la conexión entre lo divino y lo terrenal.

A medida que la influencia de las enseñanzas budistas se expandió desde la India hacia otras regiones de Asia, los mandalas se integraron en prácticas meditativas y rituales. Los monjes budistas, en particular, creaban mandalas elaborados con arena coloreada como una expresión de la impermanencia de la vida y la búsqueda de la iluminación.

Fue ya en el siglo XX cuando las mandalas comenzaron a capturar la imaginación occidental. Los psicólogos, especialmente Carl Jung, adoptaron estas formas geométricas como herramientas terapéuticas, utilizando la creación y contemplación de mandalas como un medio para explorar el inconsciente y fomentar el equilibrio psicológico.

En las décadas posteriores, las mandalas se han vuelto omnipresentes en diversas formas de arte y expresión personal. Su popularidad ha crecido enormemente en el ámbito de la relajación y el bienestar, donde colorear mandalas se ha convertido en una práctica común para aliviar el estrés y fomentar la atención plena.

Hoy en día, las mandalas han trascendido fronteras culturales, siendo apreciadas en todo el mundo por su belleza estética y su capacidad para inducir la calma y la introspección. Desde los tapices ornamentales de la antigüedad hasta los modernos libros de colorear, las mandalas continúan siendo un vehículo poderoso para la conexión espiritual, la expresión creativa y la búsqueda de equilibrio interior.

Colorear mandalas es un acto de atención plena, una pausa en el frenesí de la vida cotidiana. Cada trazo consciente, cada elección de color, es una oportunidad para sumergirse en el momento presente. La repetición de patrones y la concentración en los detalles inducen a un estado de relajación profunda, ofreciendo un refugio para el alma en busca de serenidad.

Este libro es un lienzo en blanco esperando tus pinceles de color. La paleta diversa que se extiende ante ti es una invitación a expresar tus emociones y pensamientos de manera única. Al colorear, estás tejiendo tu narrativa visual, convirtiendo cada página en un reflejo tangible de tu creatividad y personalidad.

Desde culturas antiguas hasta las prácticas contemporáneas, los mandalas han sido símbolos de unidad y conexión. Al colorear, te sumerges en una tradición espiritual que trasciende el papel. Este acto se convierte en una meditación visual, una oportunidad para conectarte contigo mismo y con el cosmos, explorando las dimensiones más profundas de tu existencia.

Cada mandala es un portal hacia tu interior. Al explorar este libro, te invito a observar cómo tus elecciones de color y patrones evolucionan, revelando aspectos ocultos de tu ser. Esta autoexploración puede ser una herramienta valiosa para el autoconocimiento, guiándote hacia una comprensión más profunda de tus emociones y pensamientos.

Colorear mandalas es más que una actividad artística; es un acto holístico que nutre tu mente, cuerpo y espíritu. La armonía visual, combinada con la expresión creativa, puede tener efectos positivos en tu bienestar general, proporcionando un espacio de renovación y equilibrio en tu vida diaria.

Cada mandala es una oportunidad para descubrir, expresar y rejuvenecer.

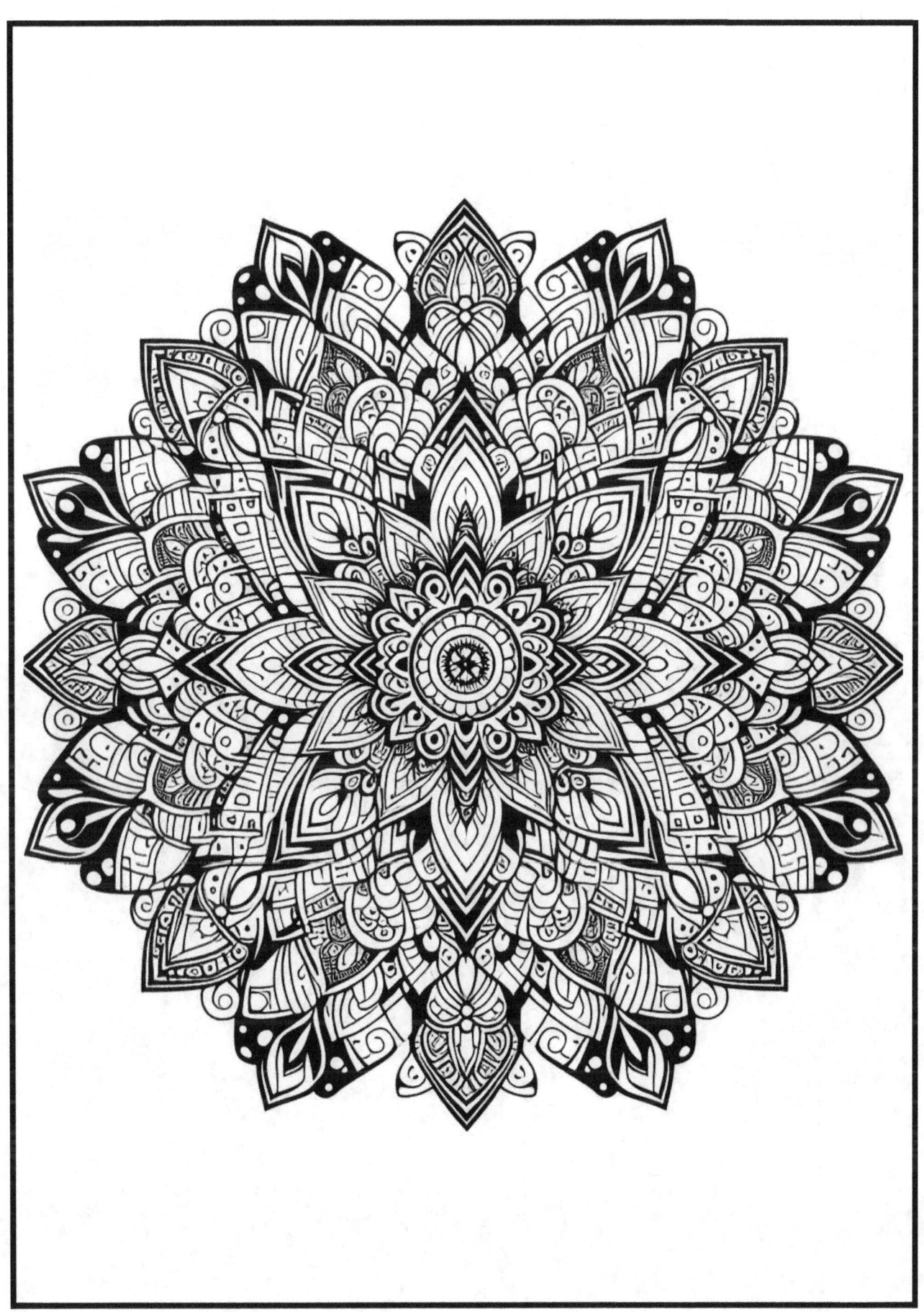

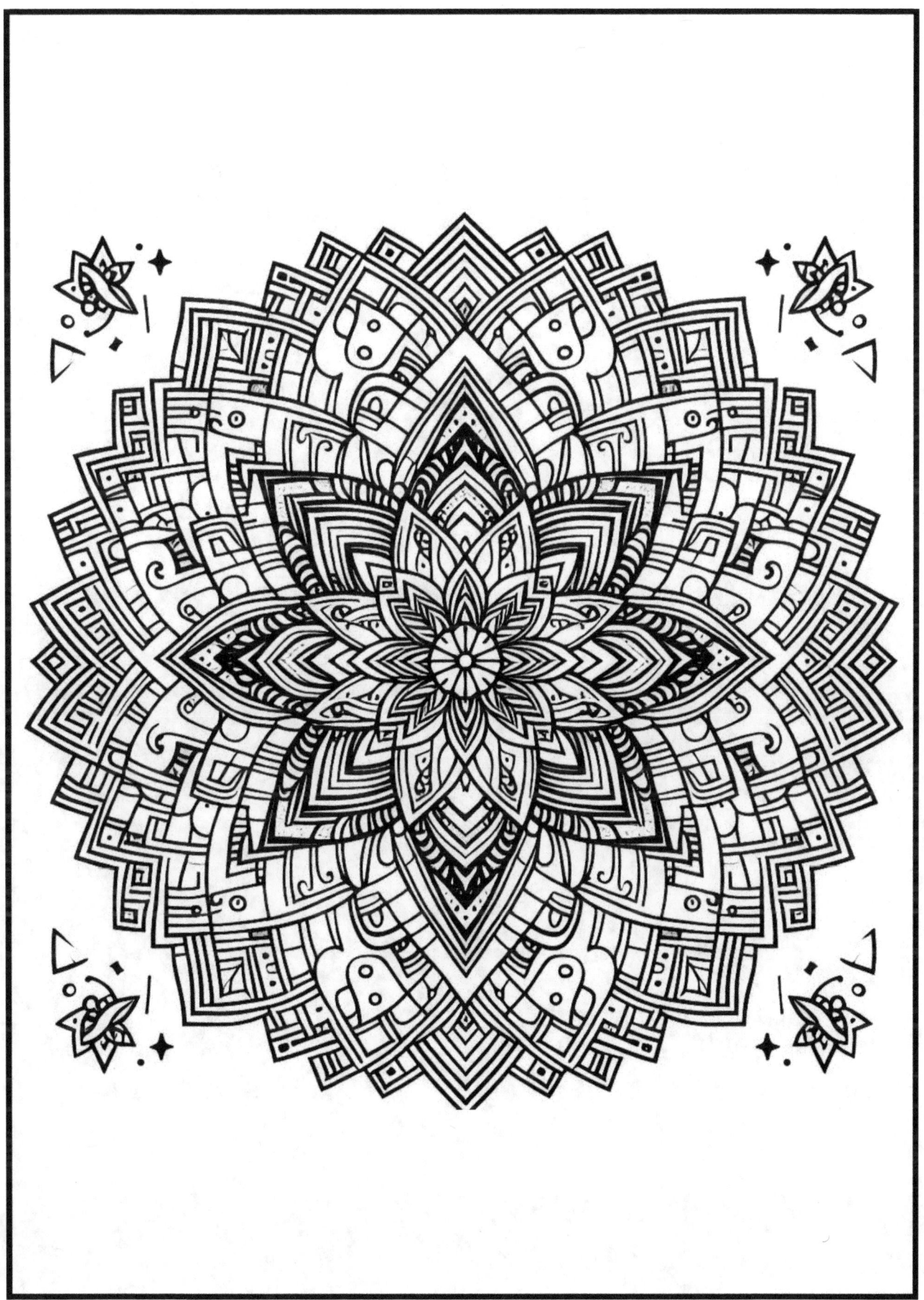

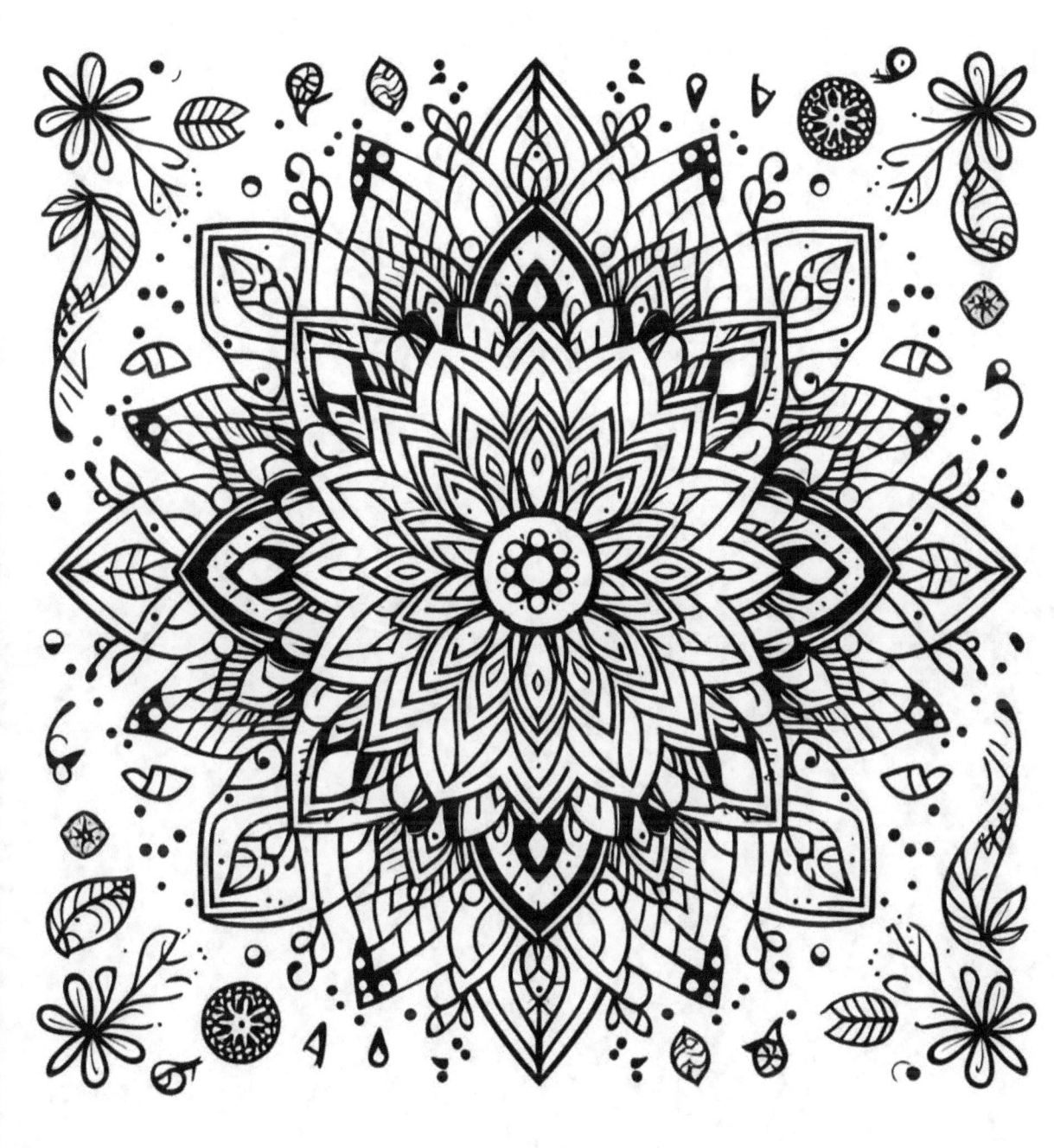

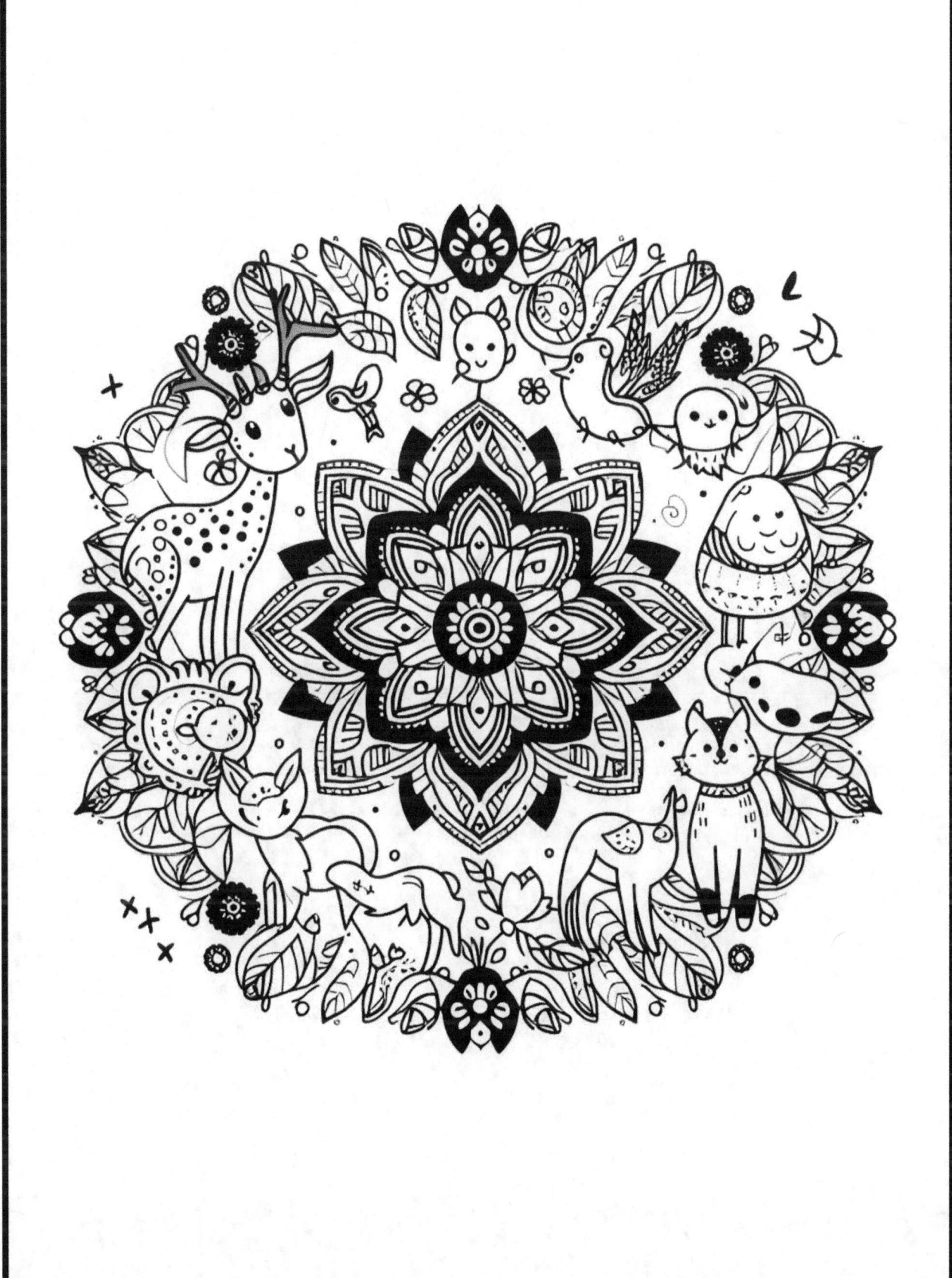

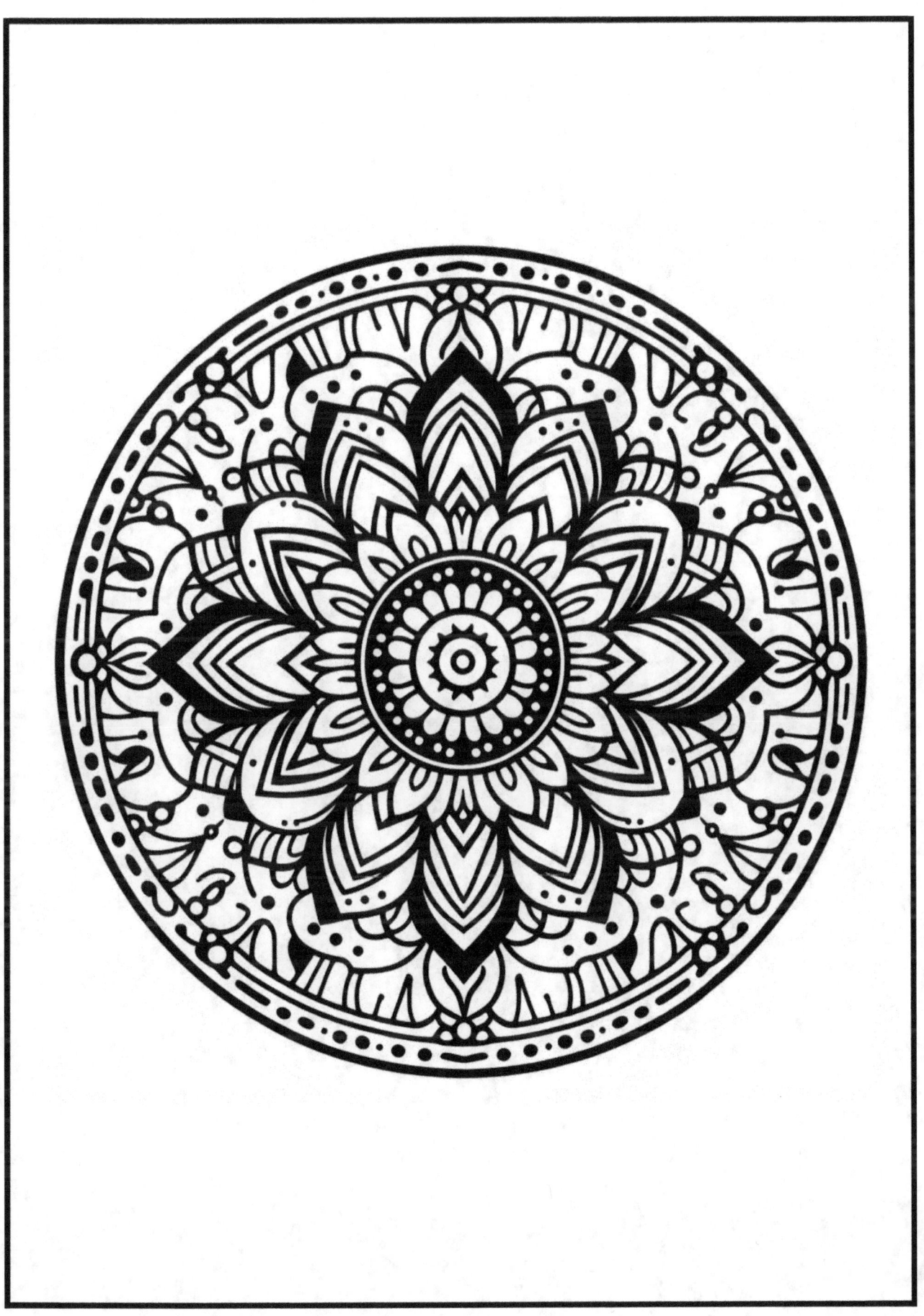

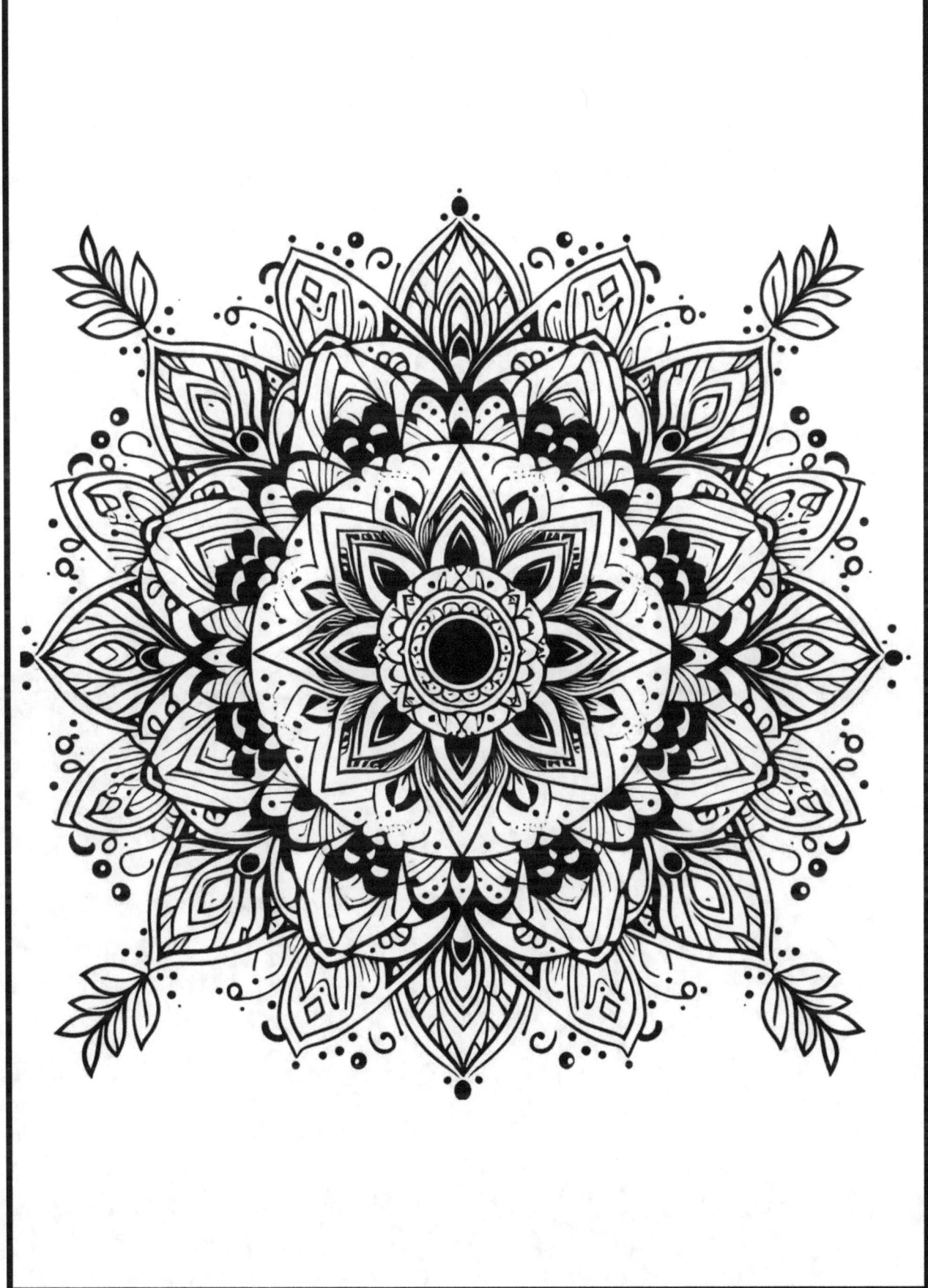

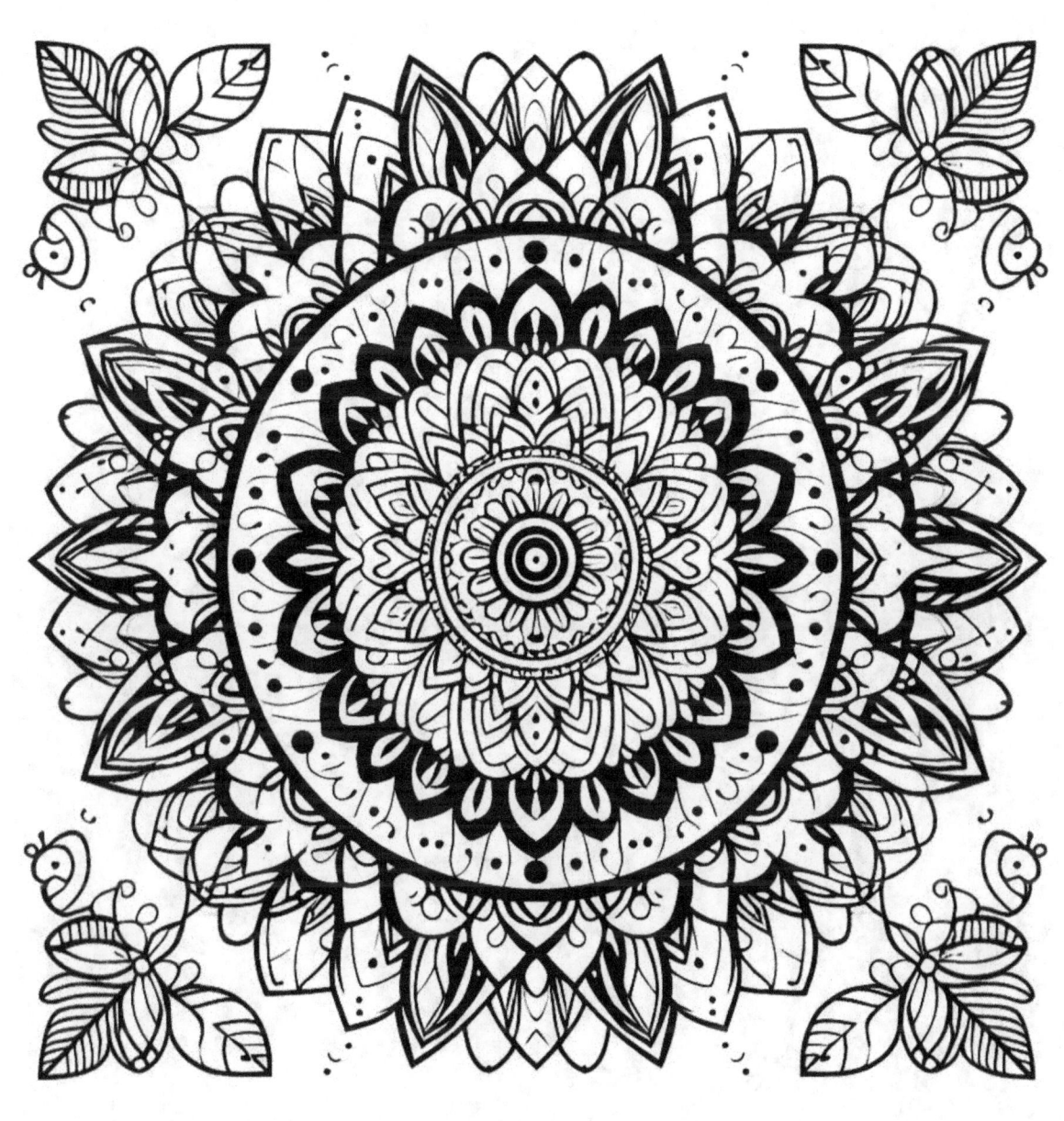

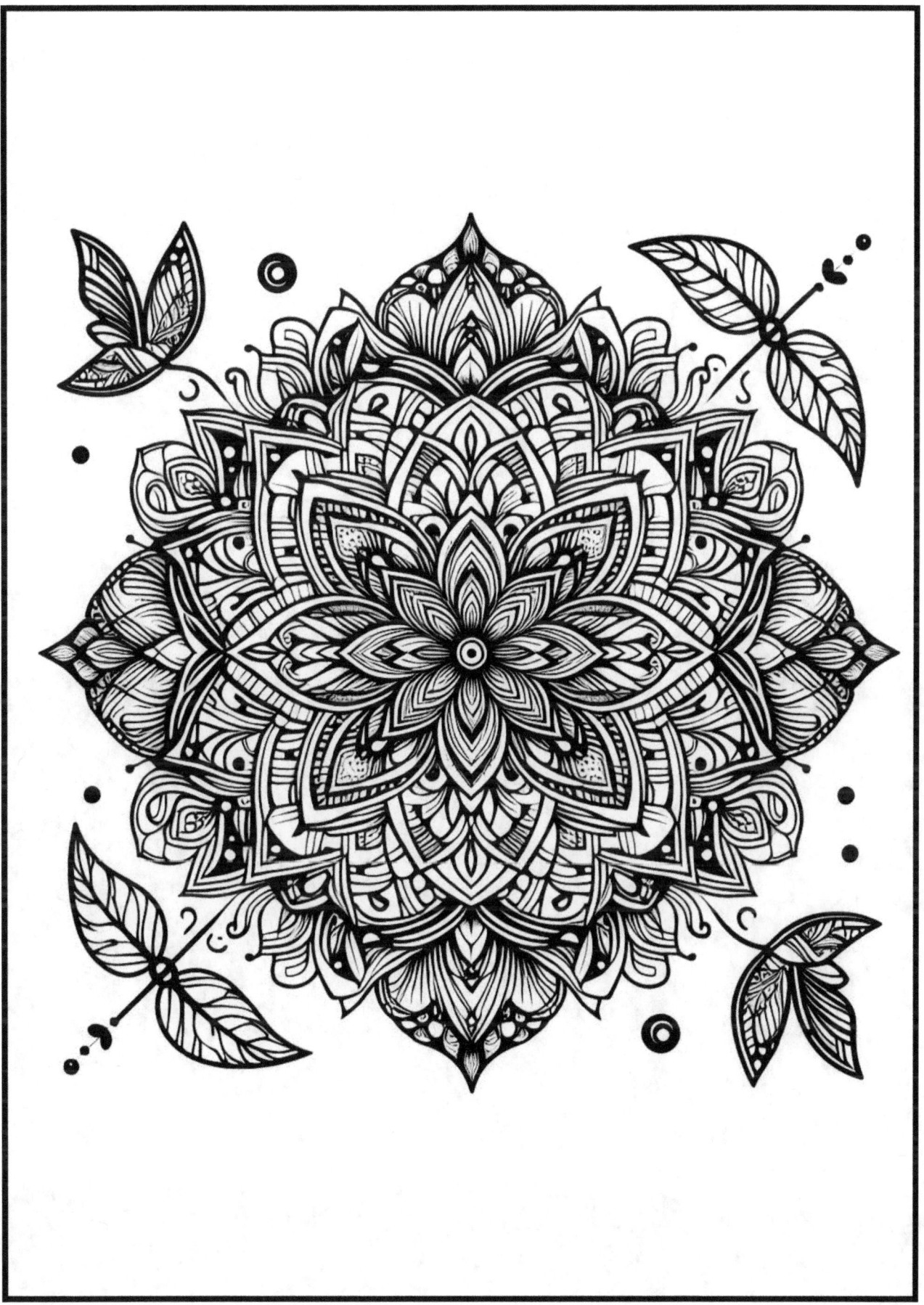

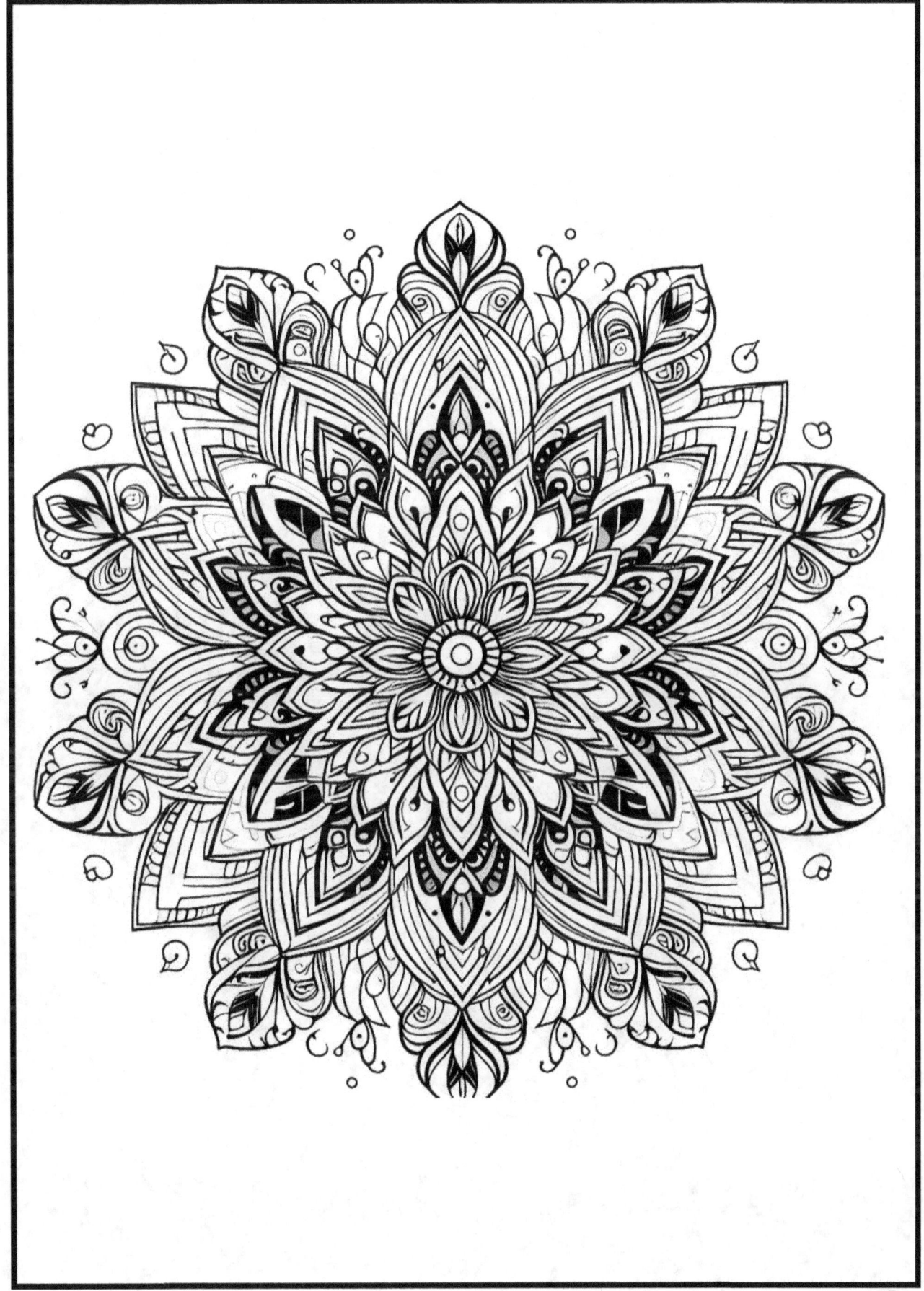

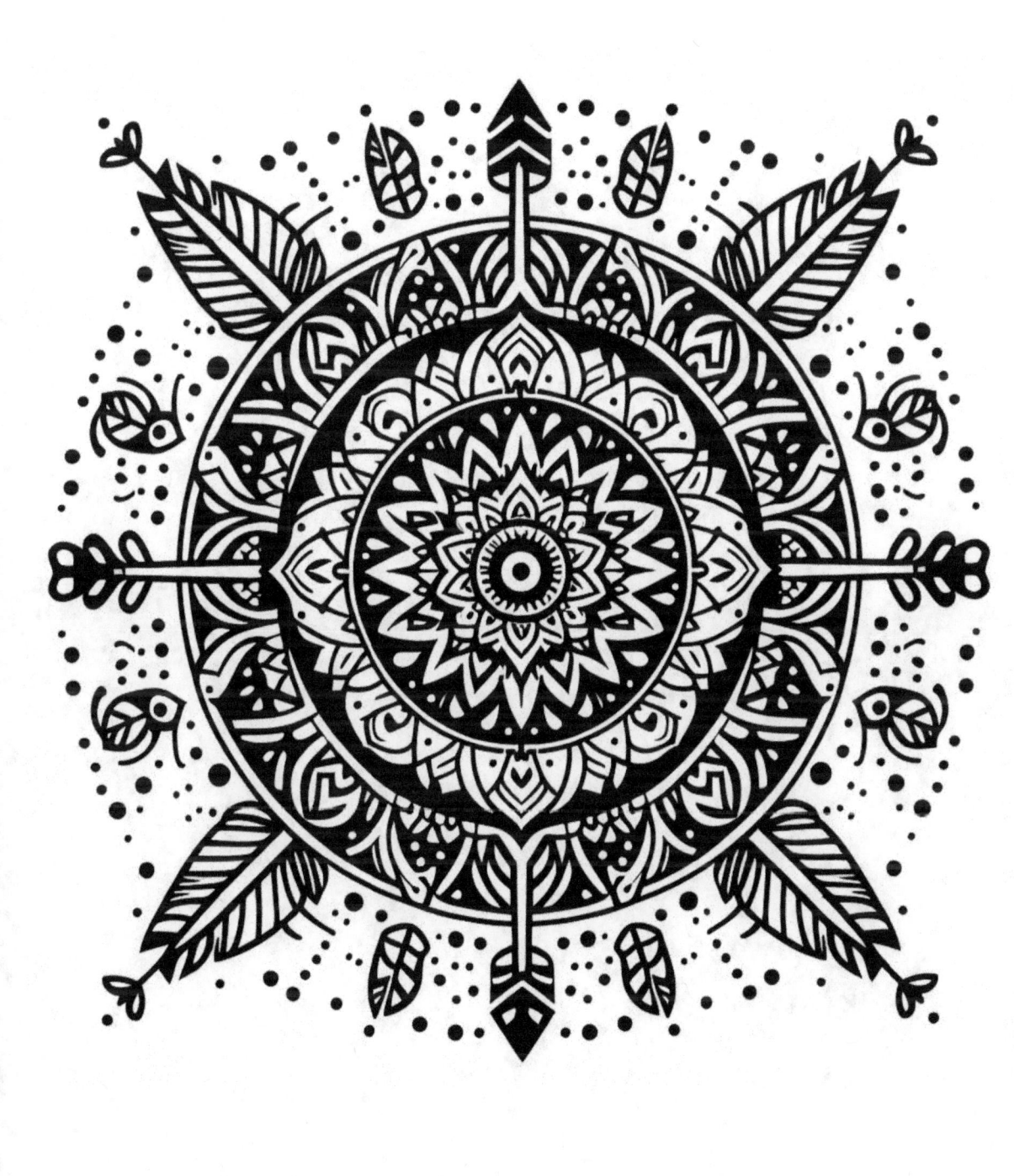

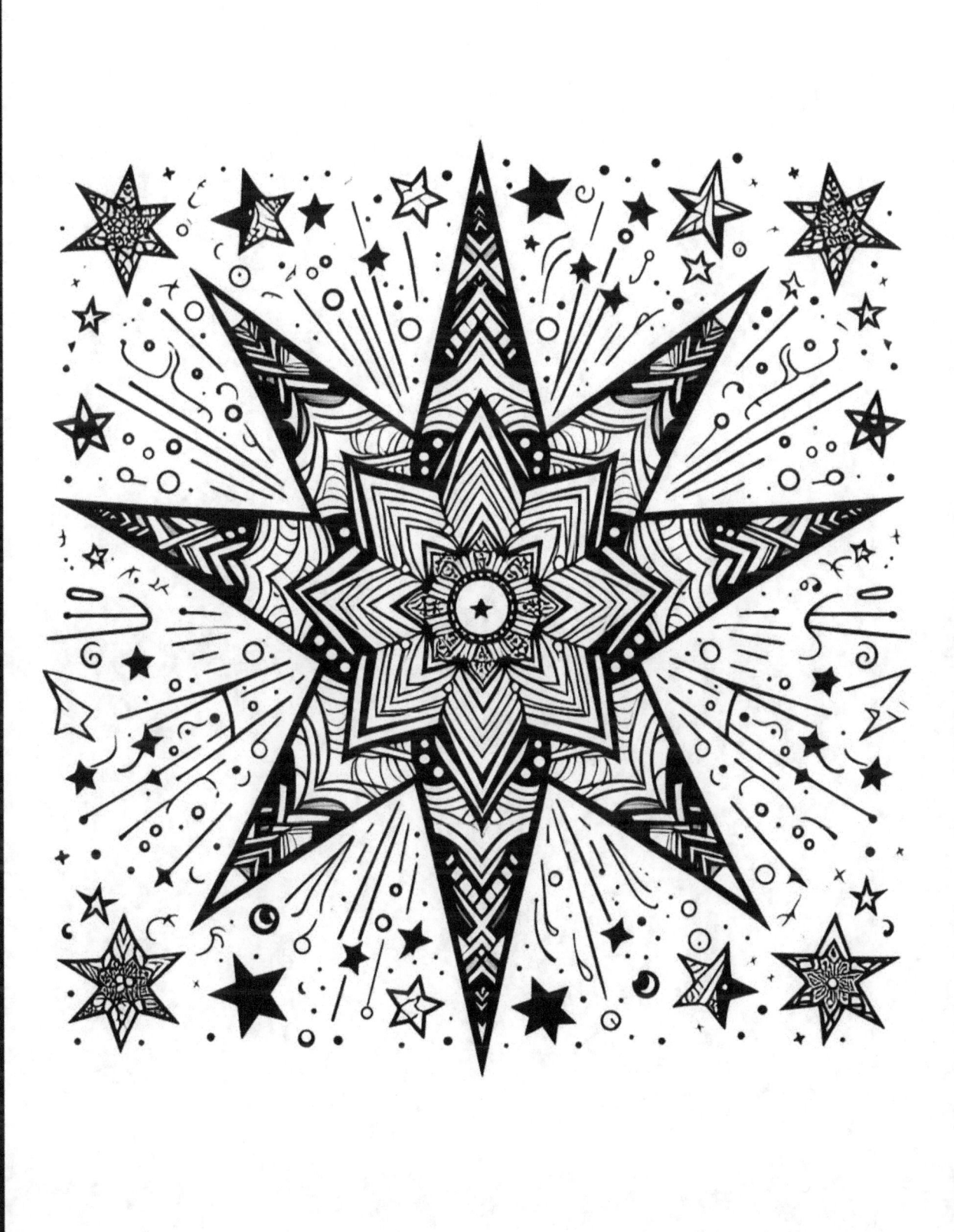

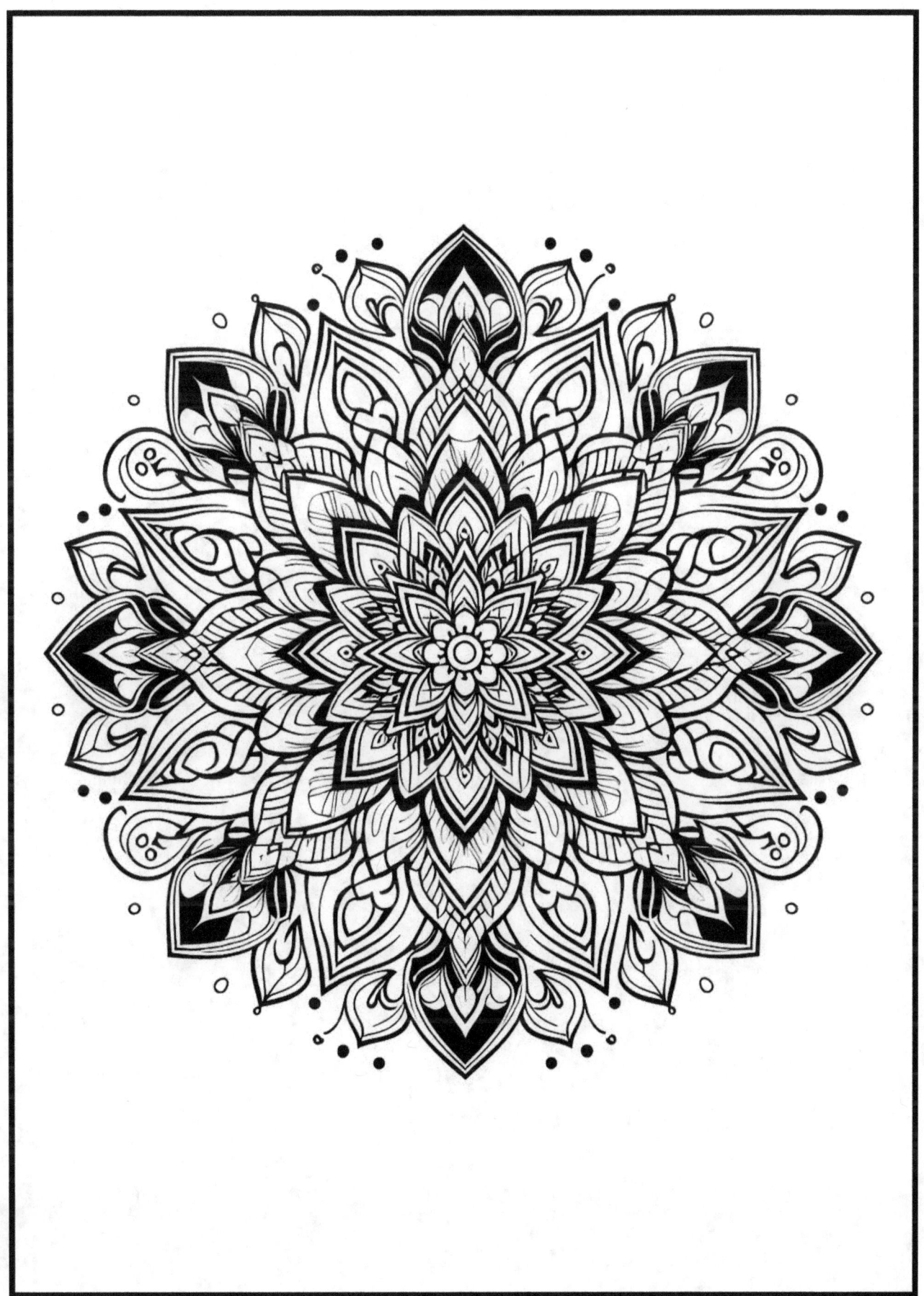

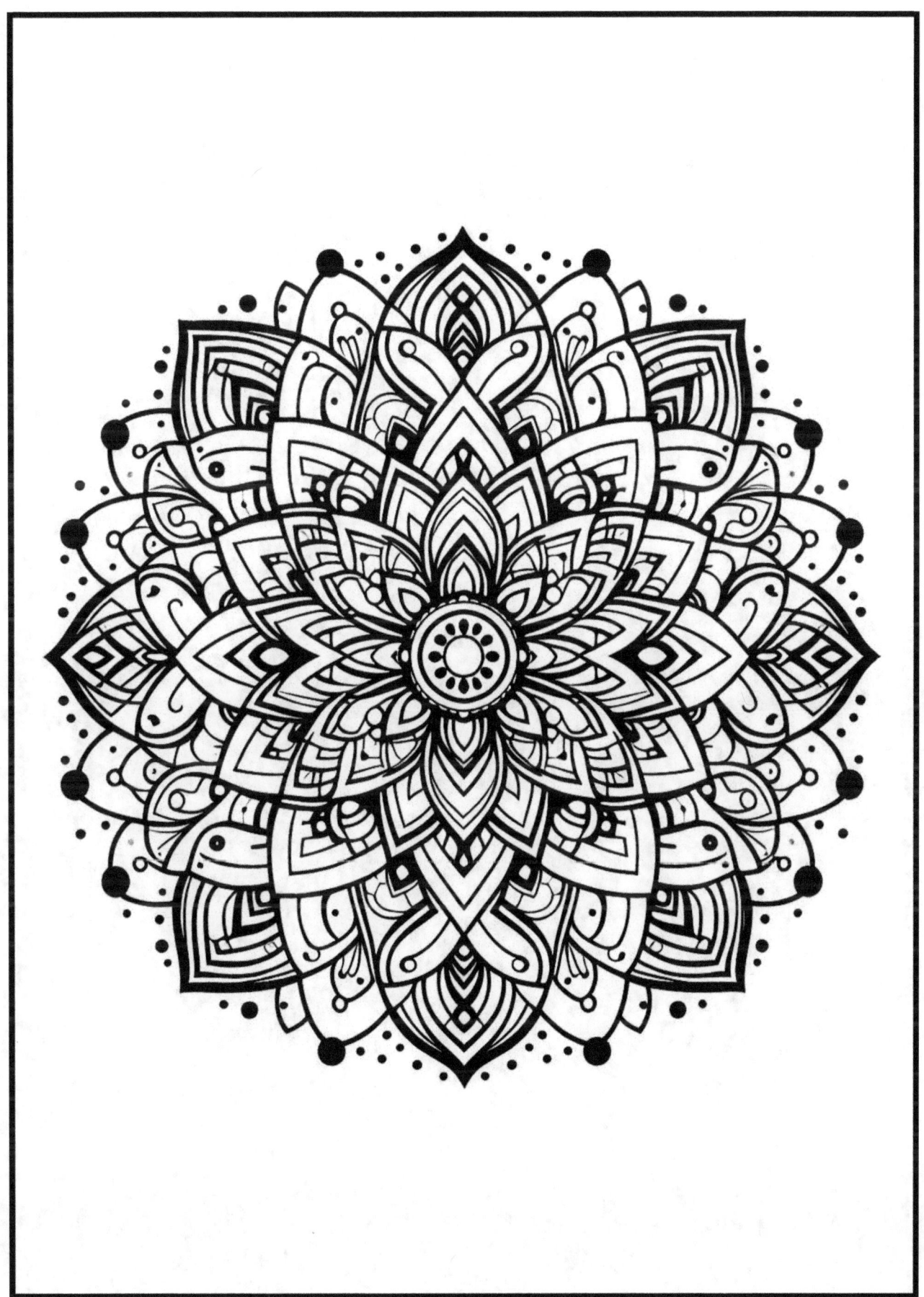

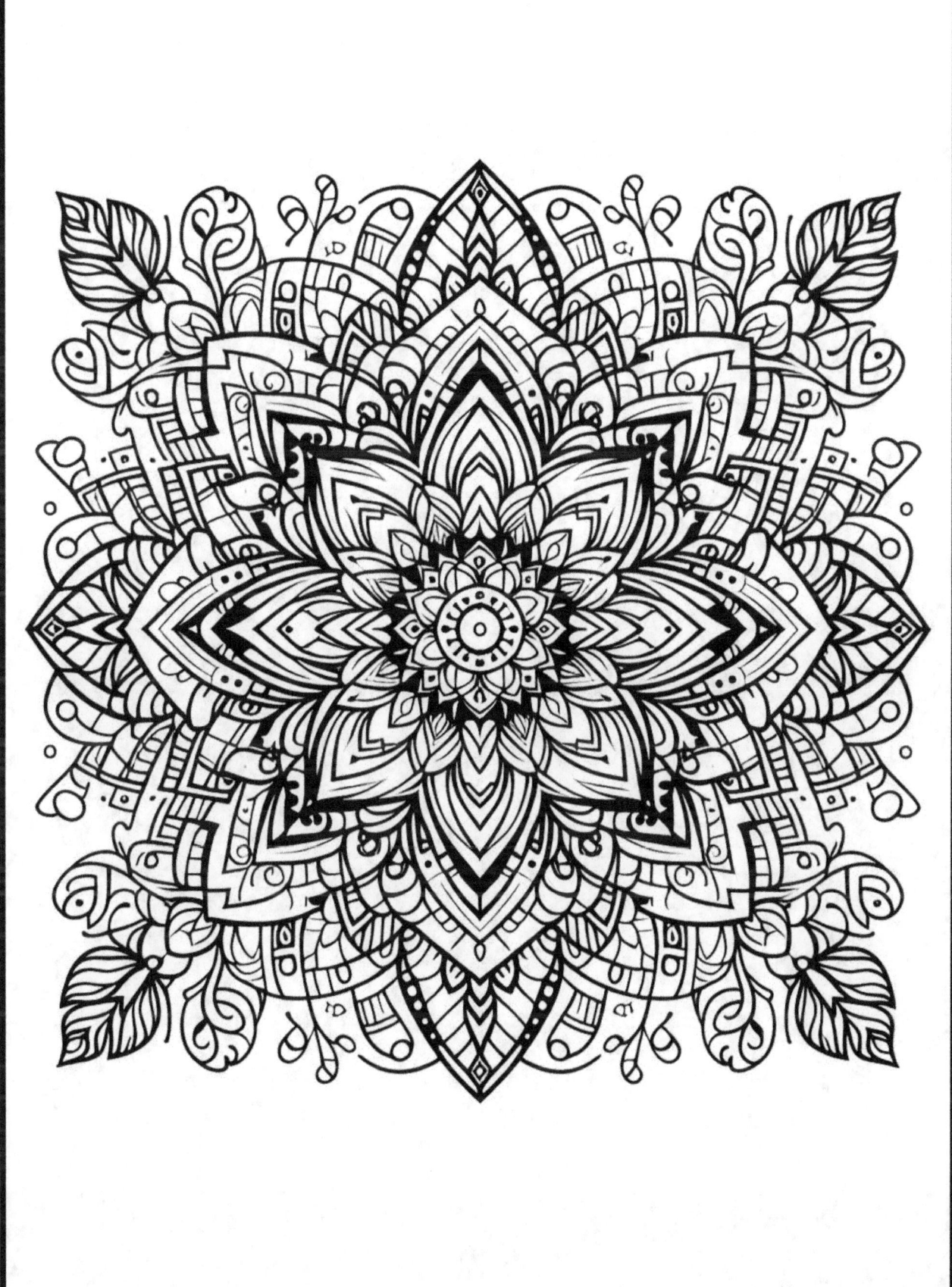

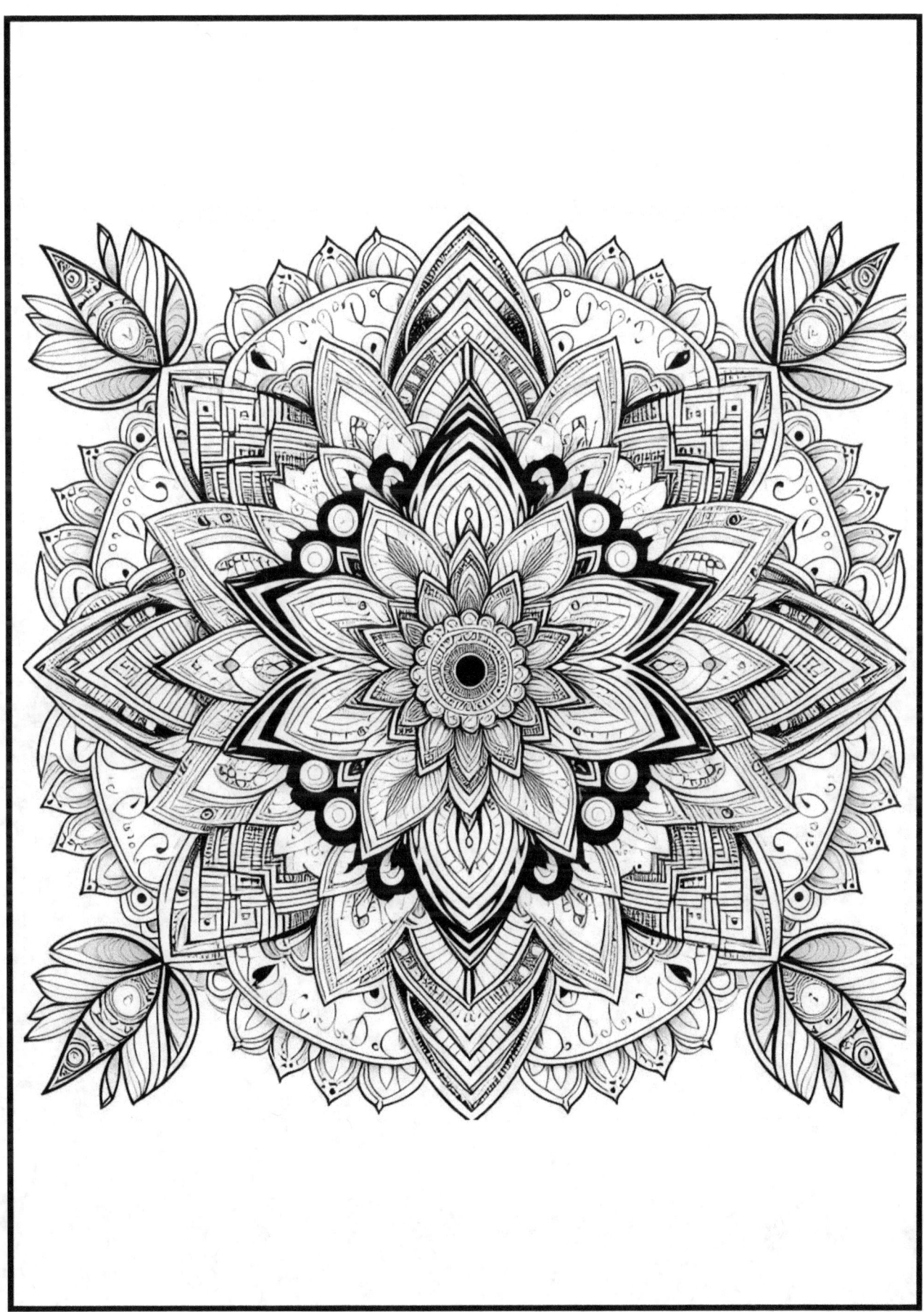

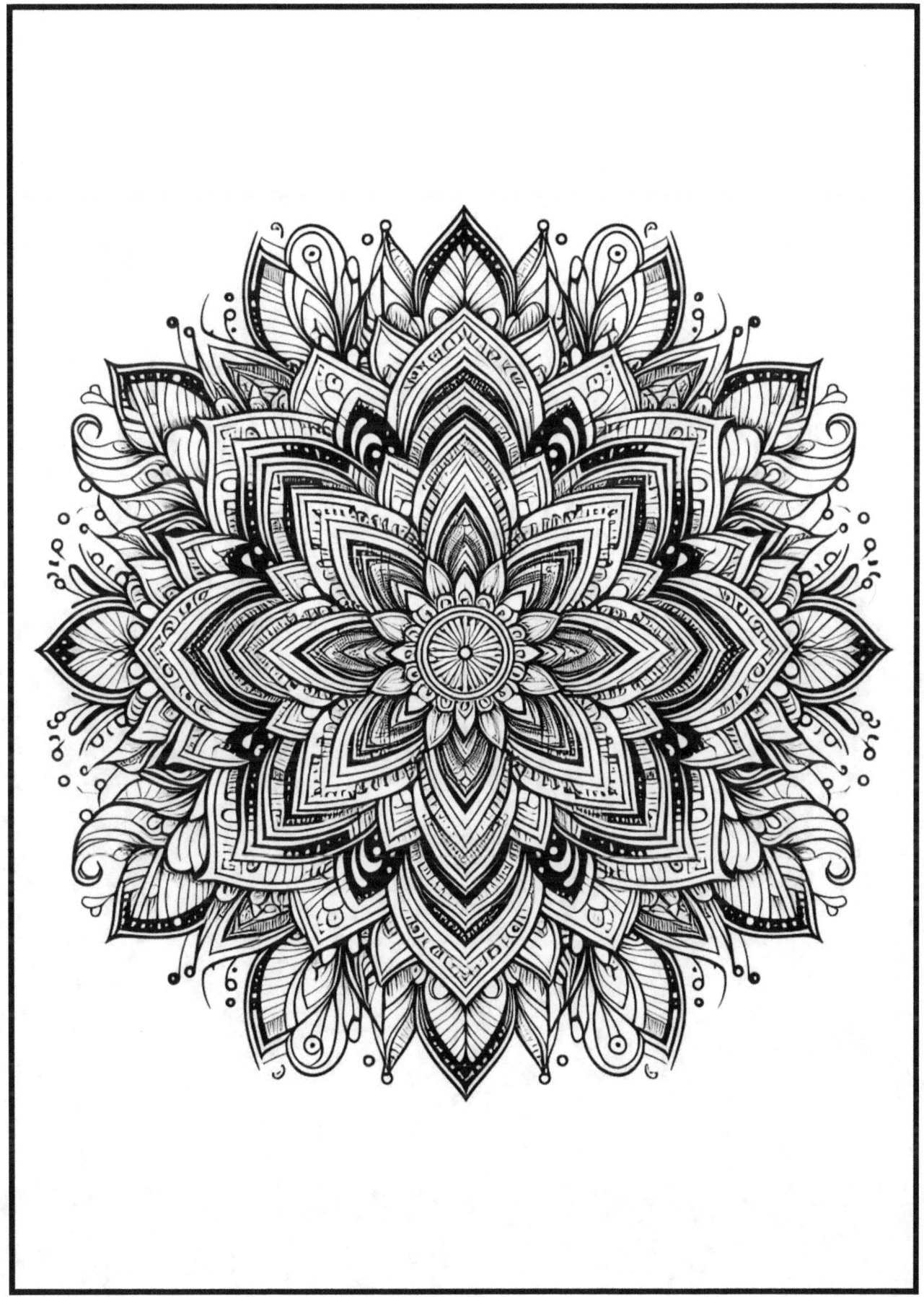

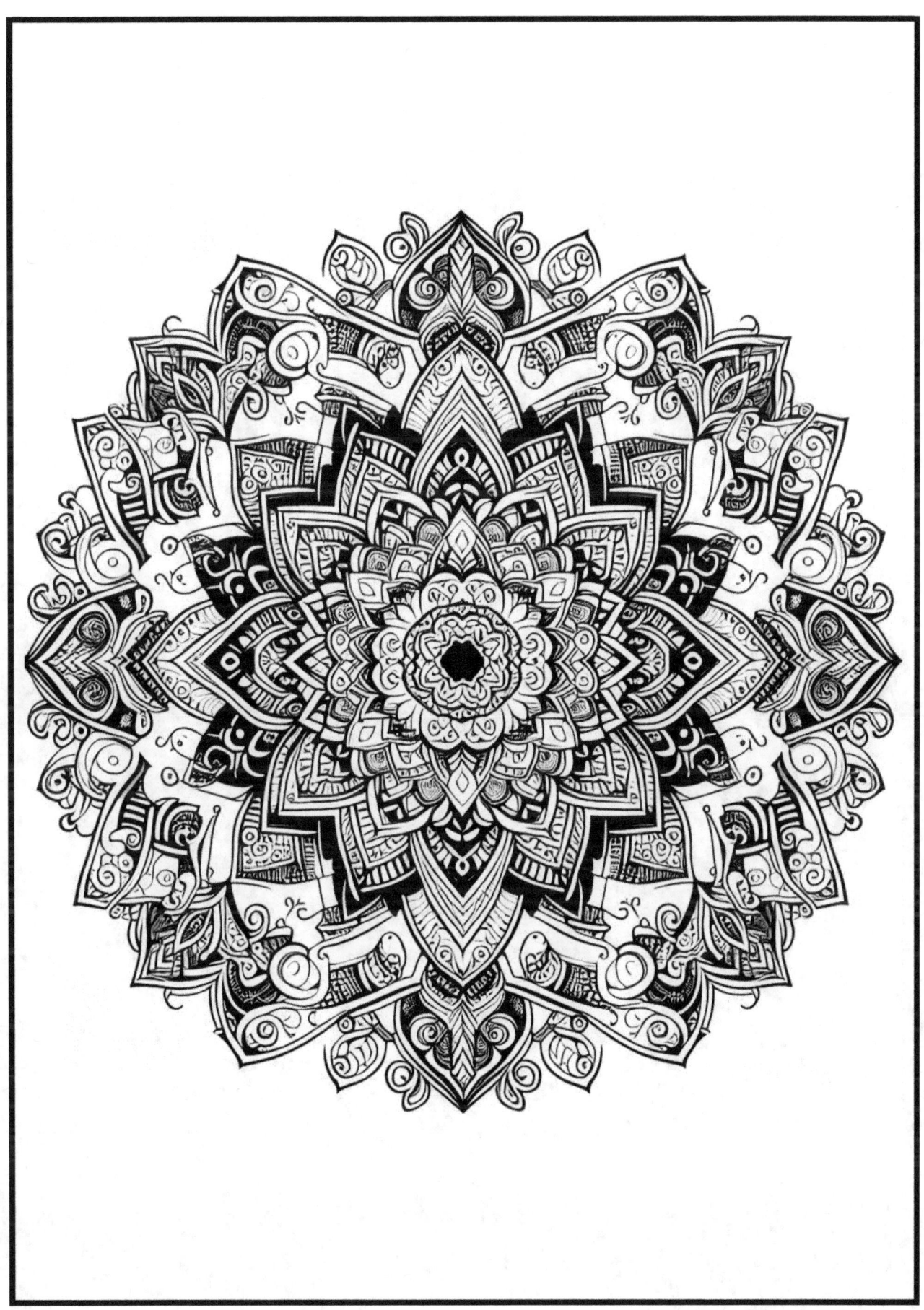

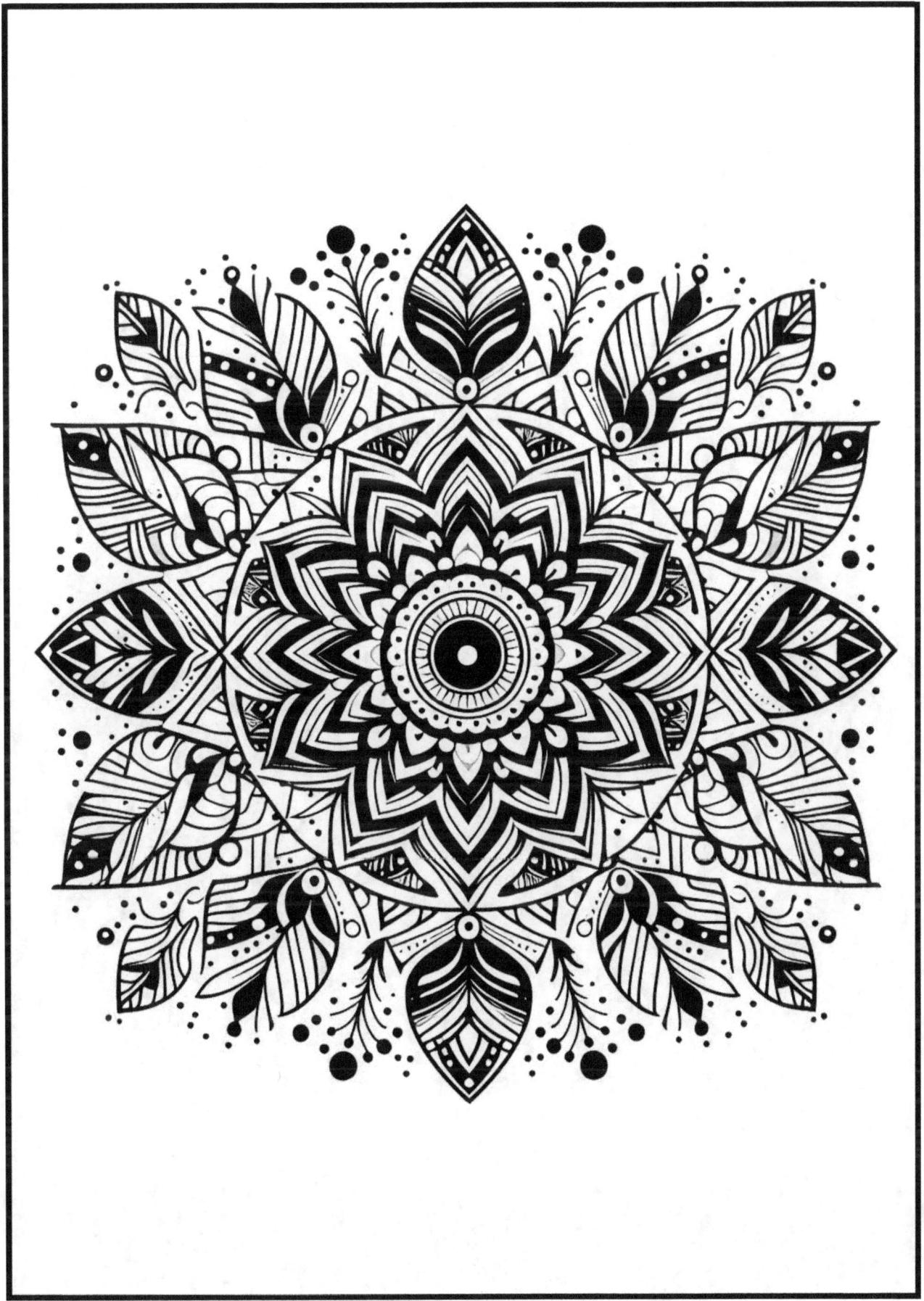

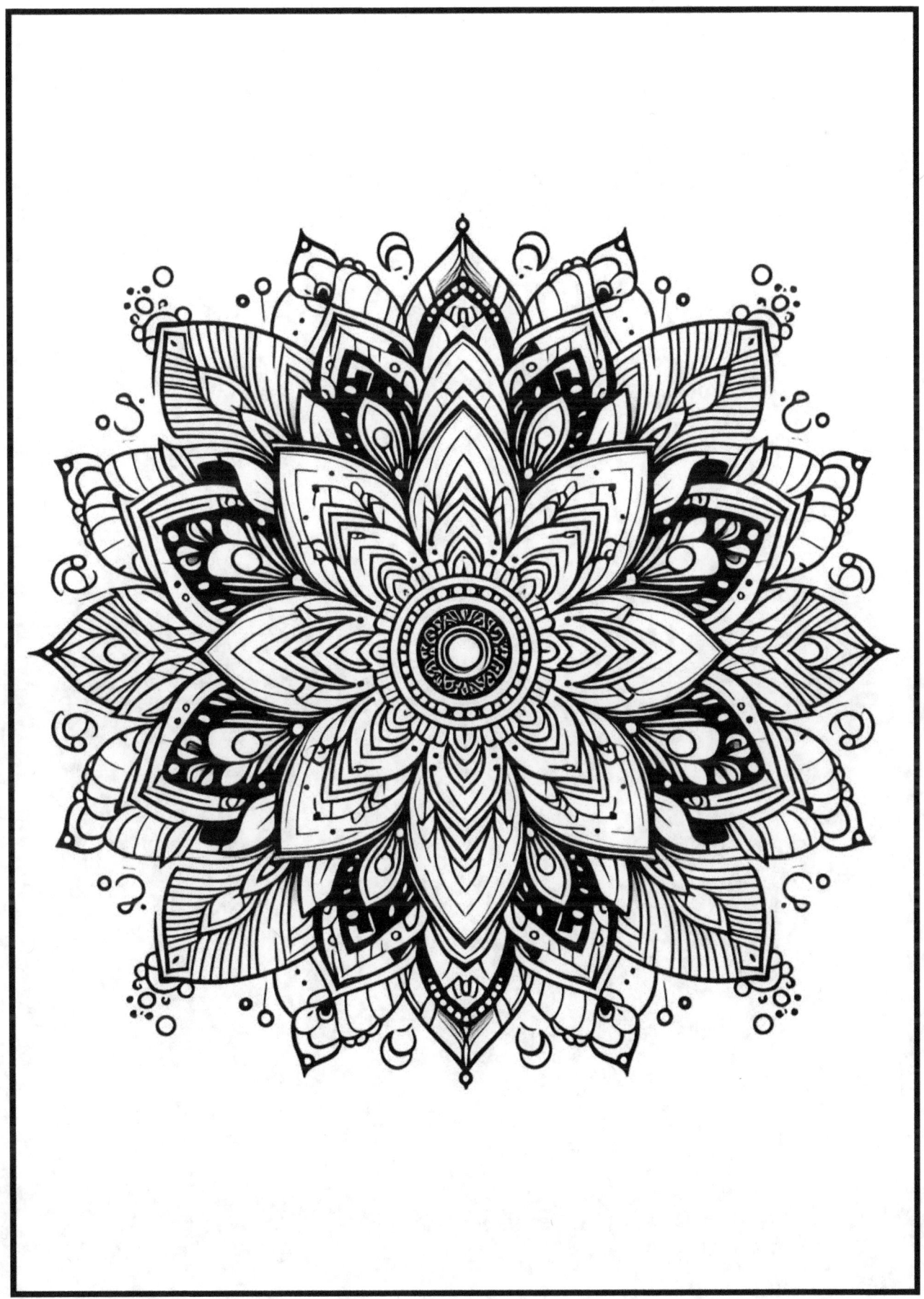

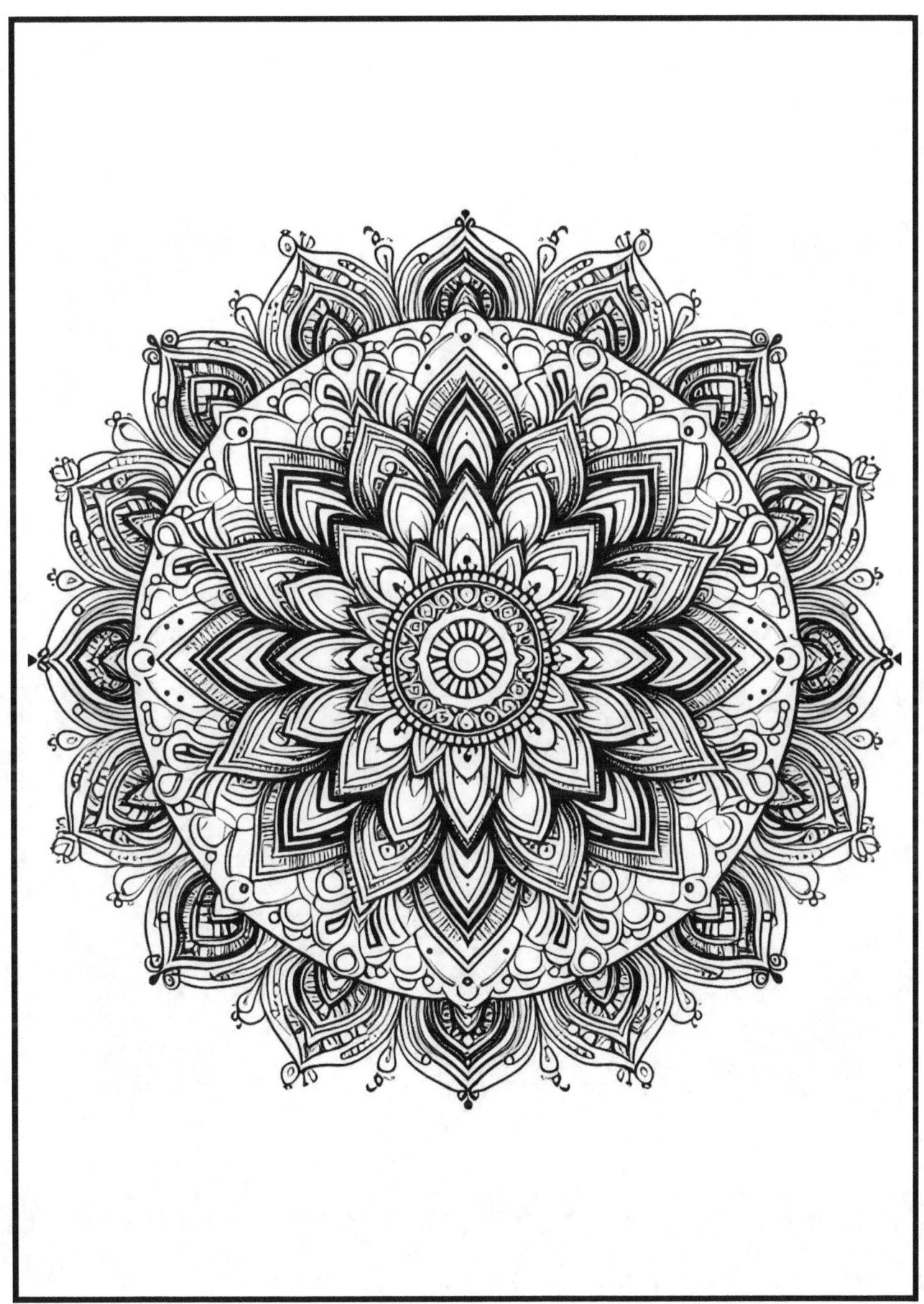

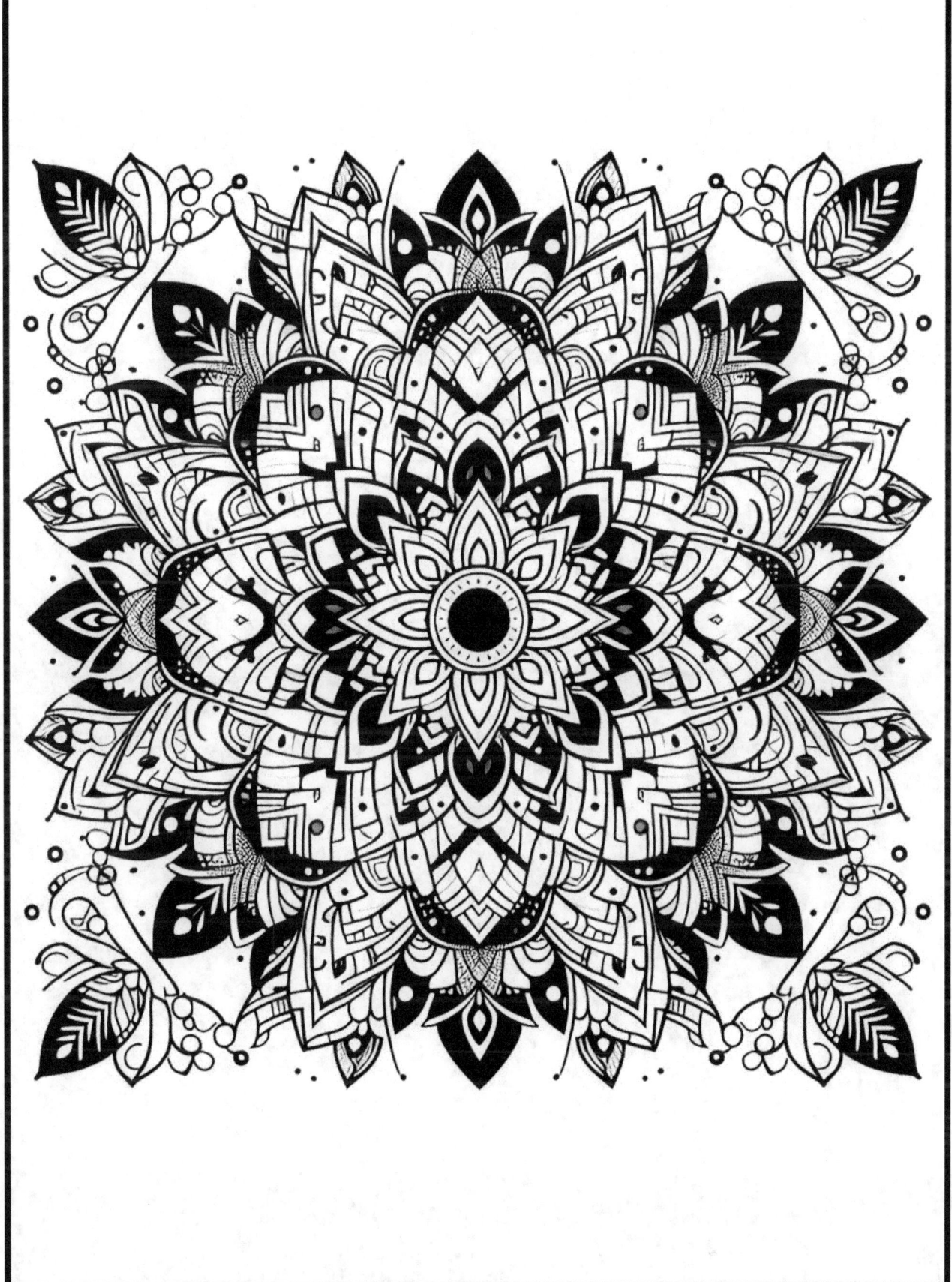

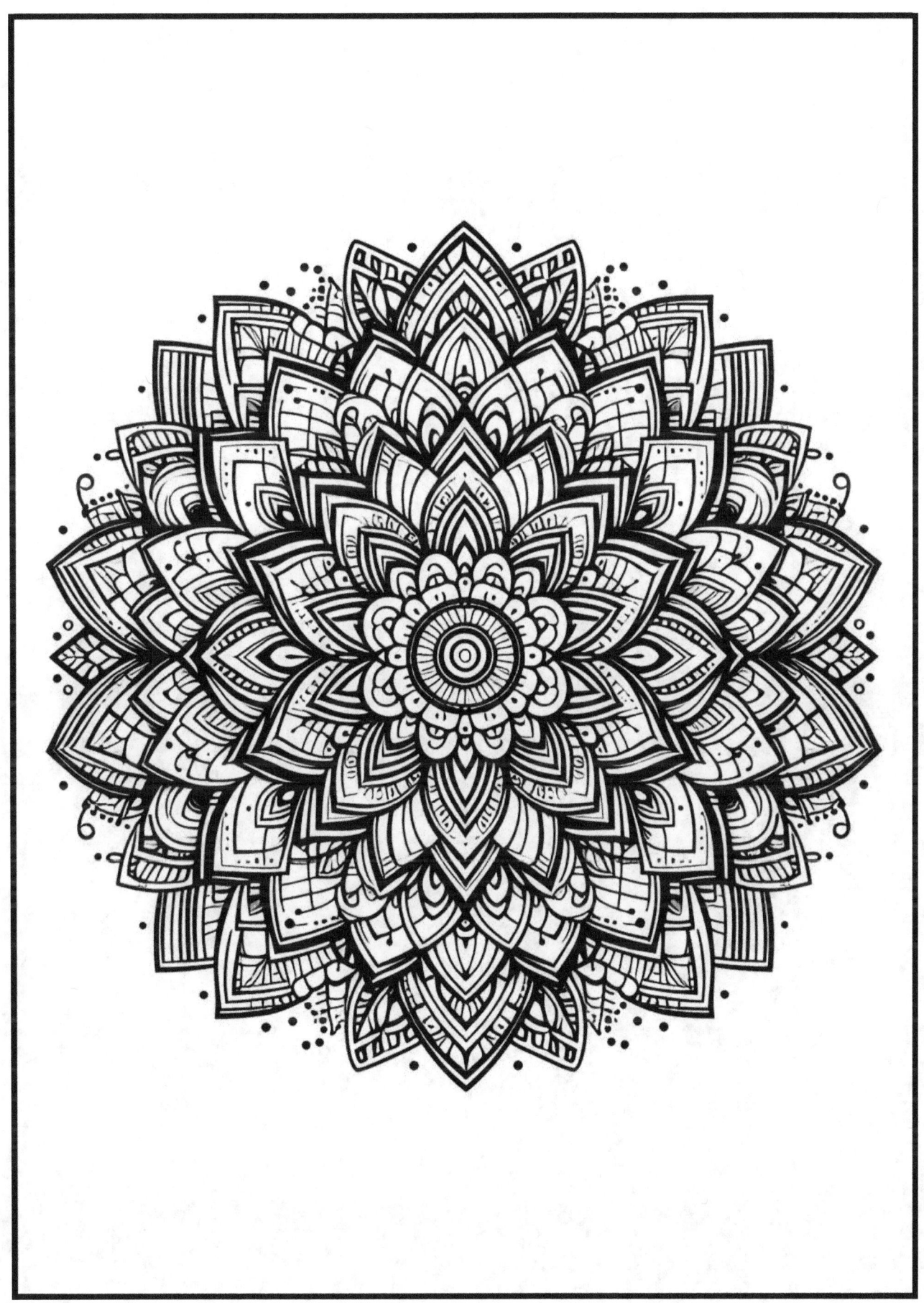

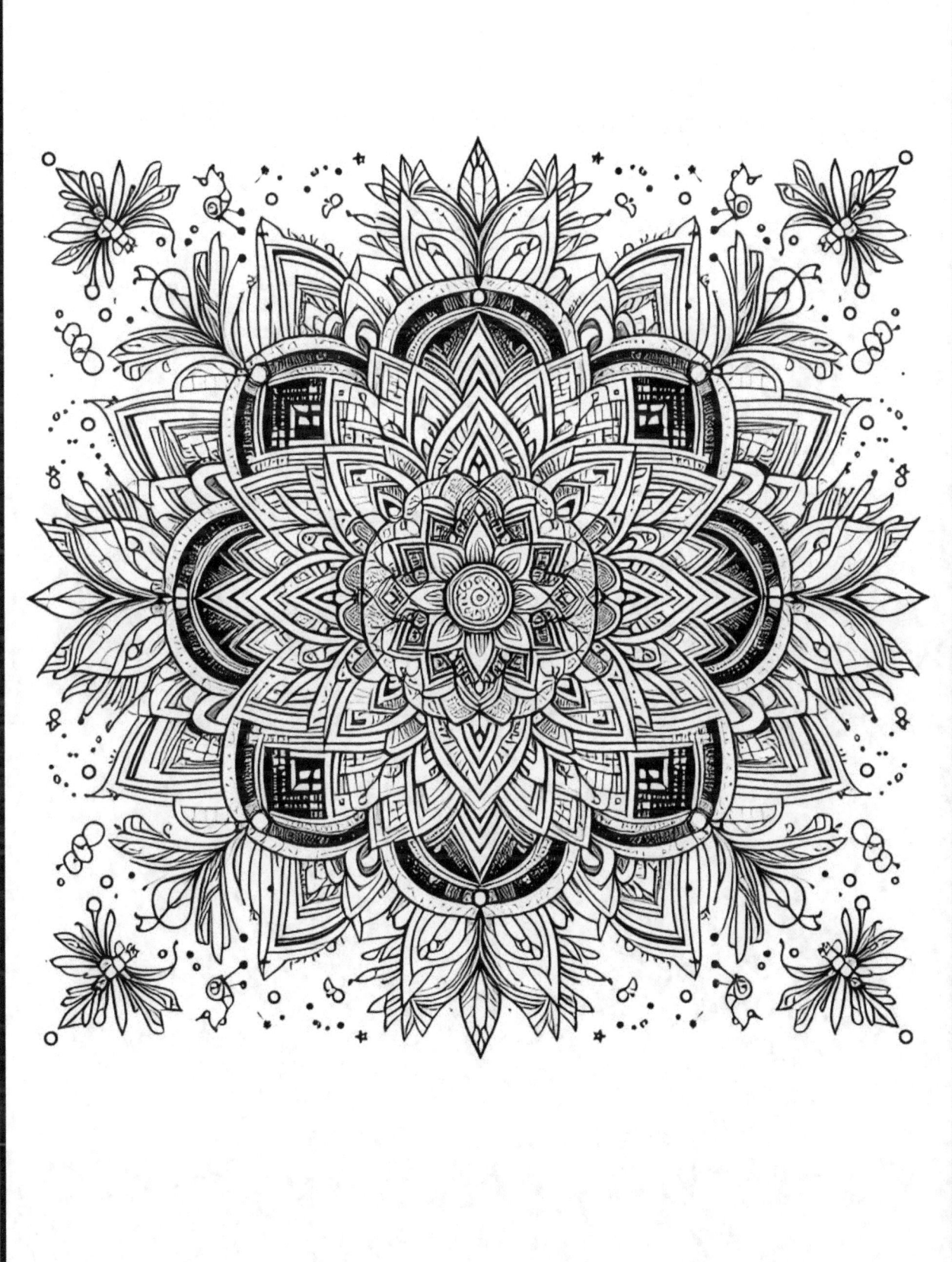

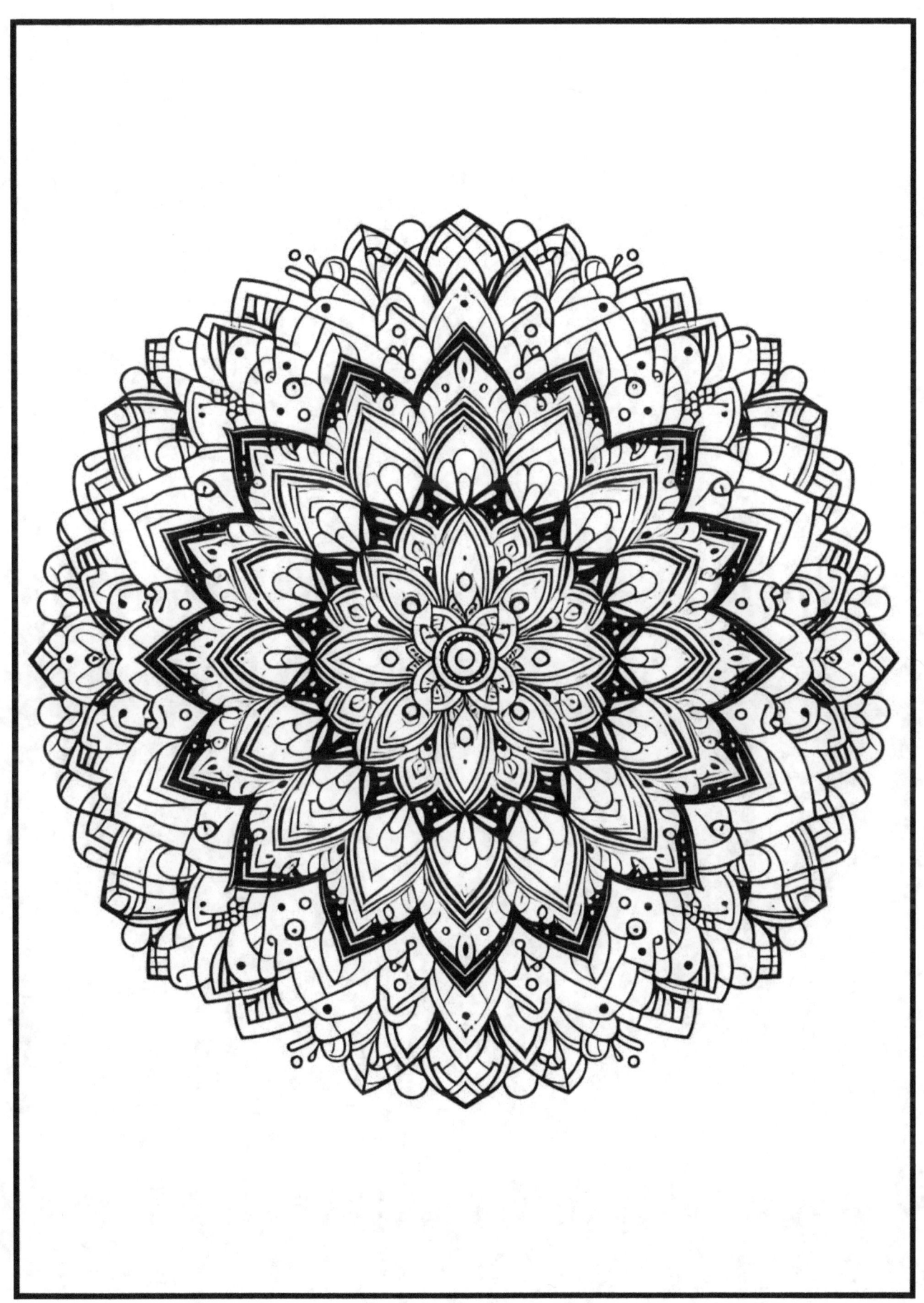

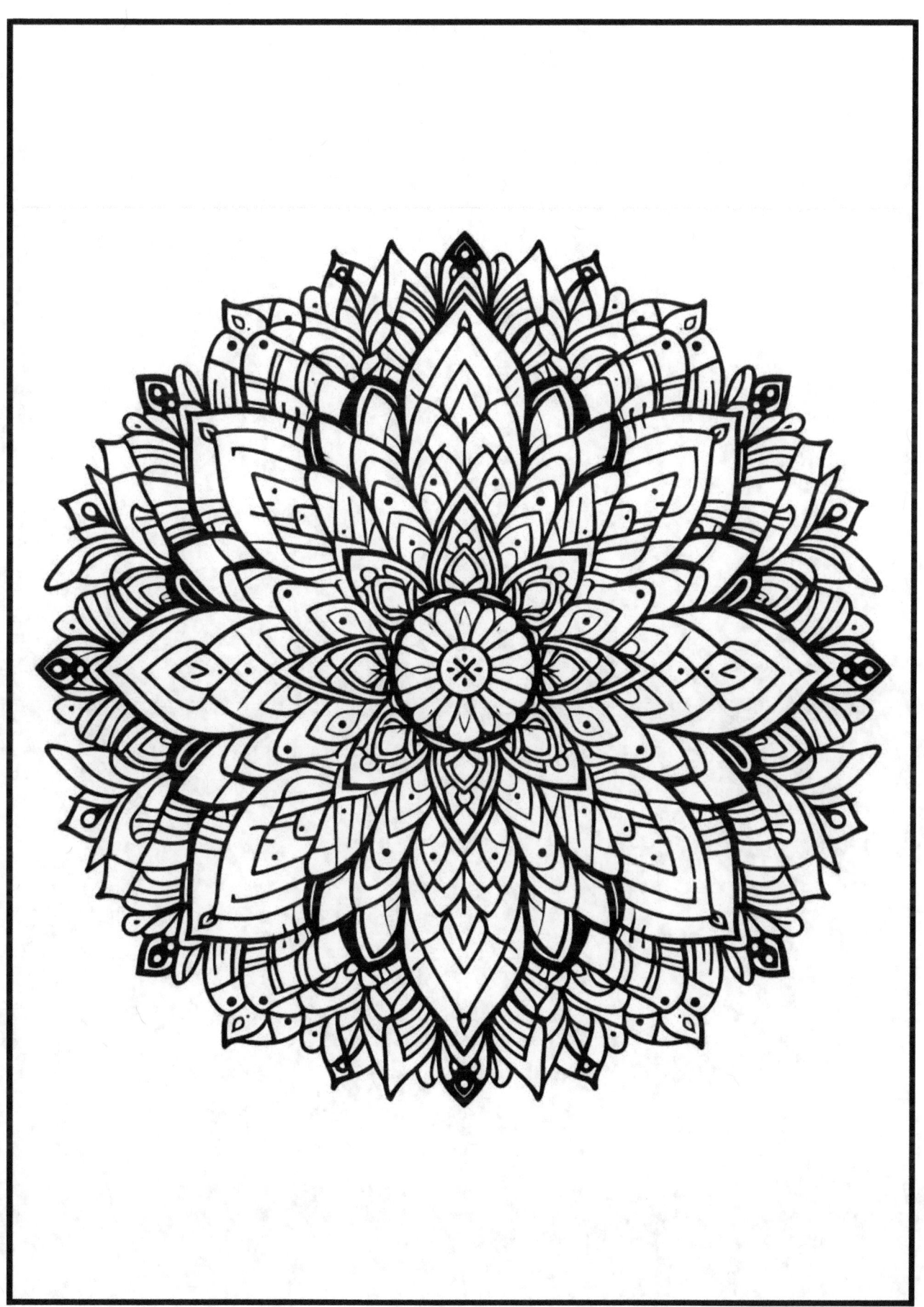

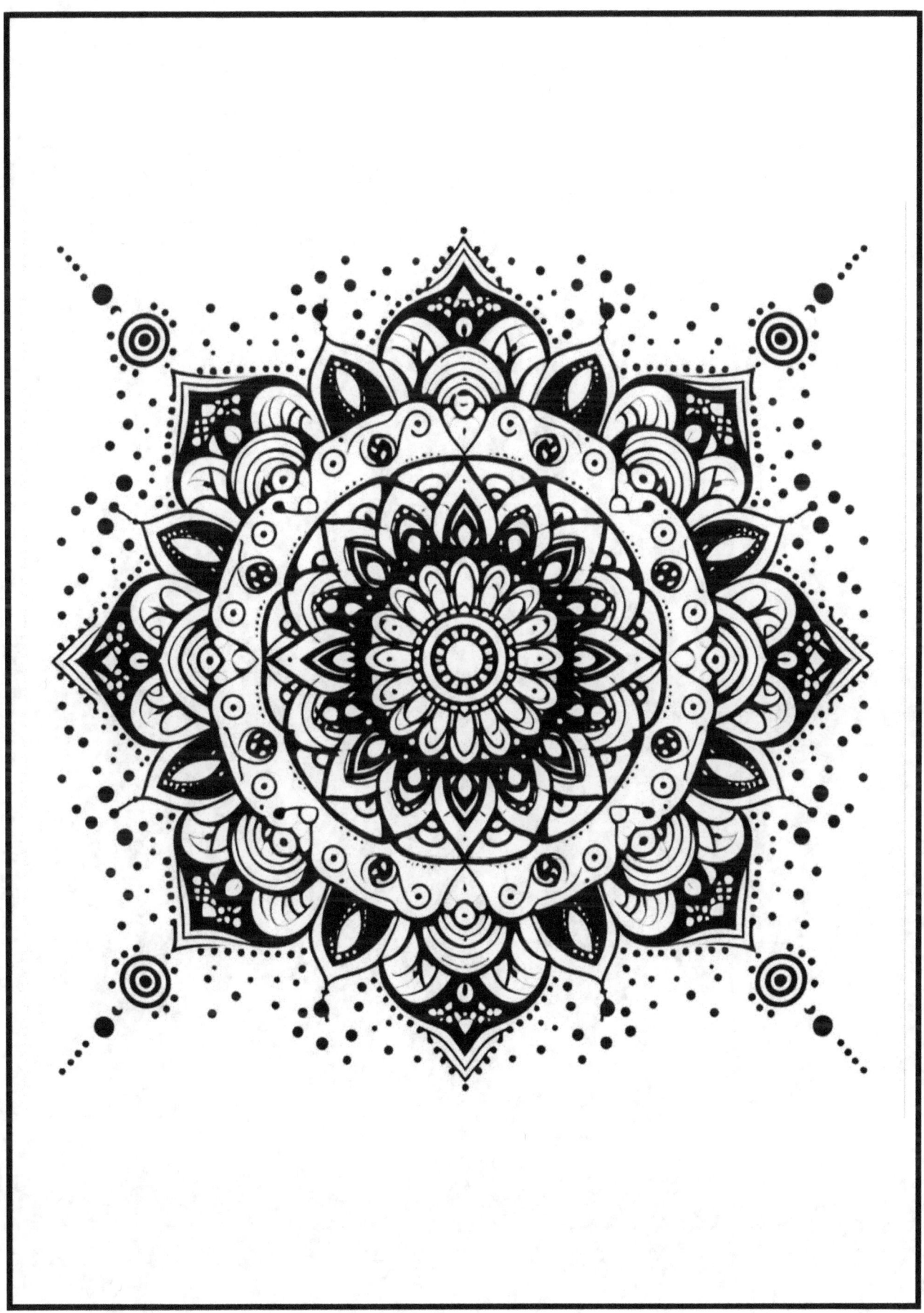

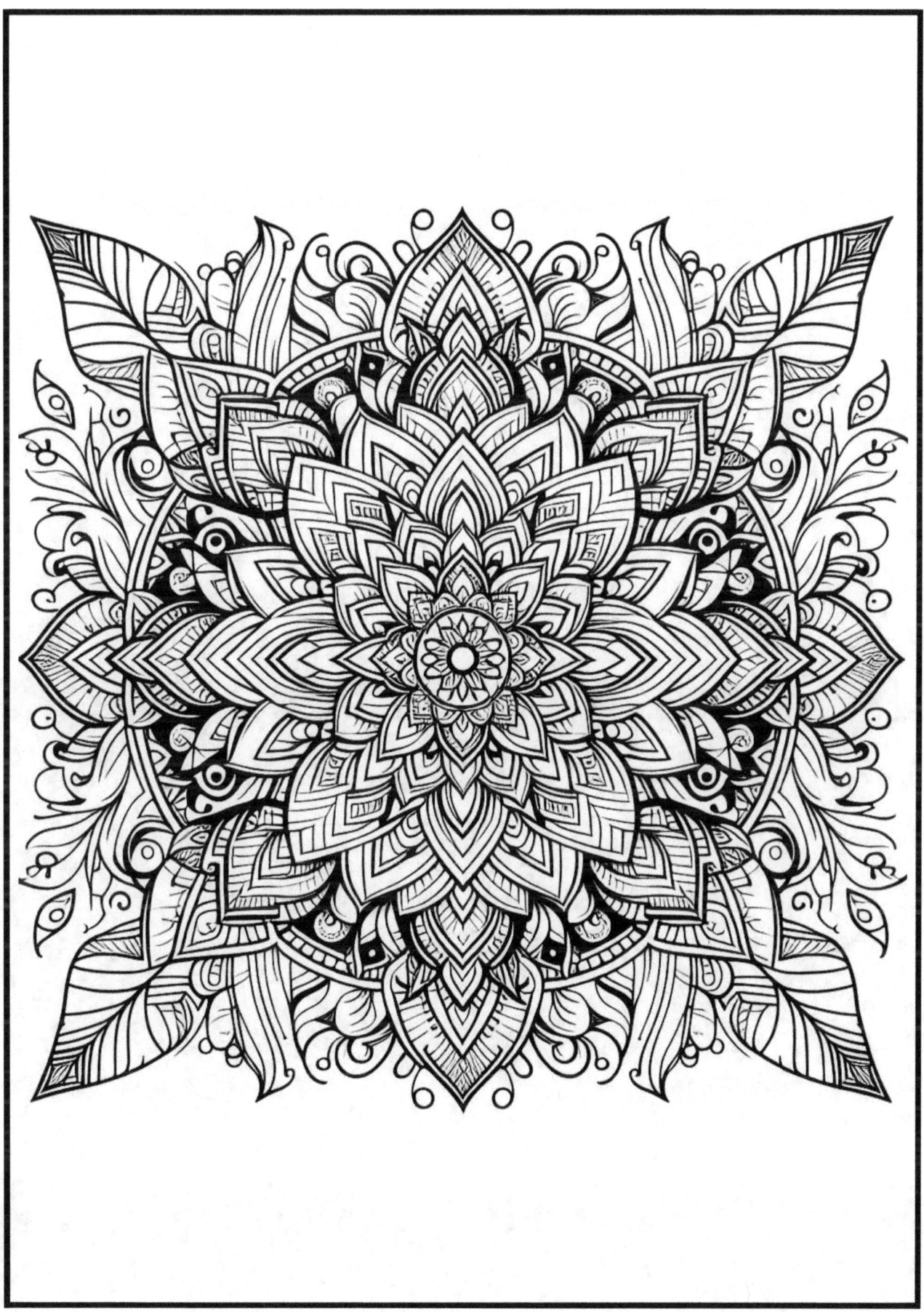

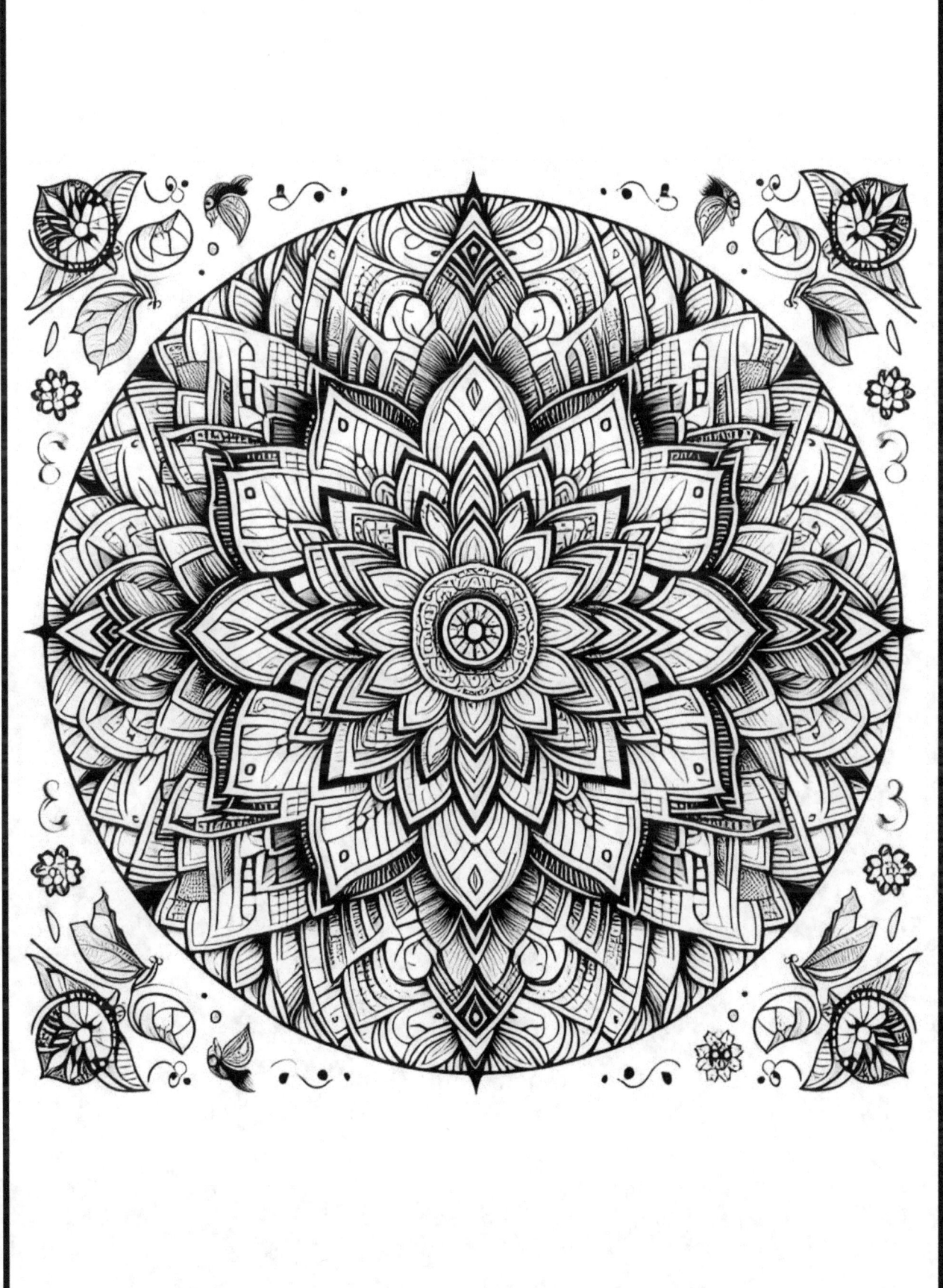

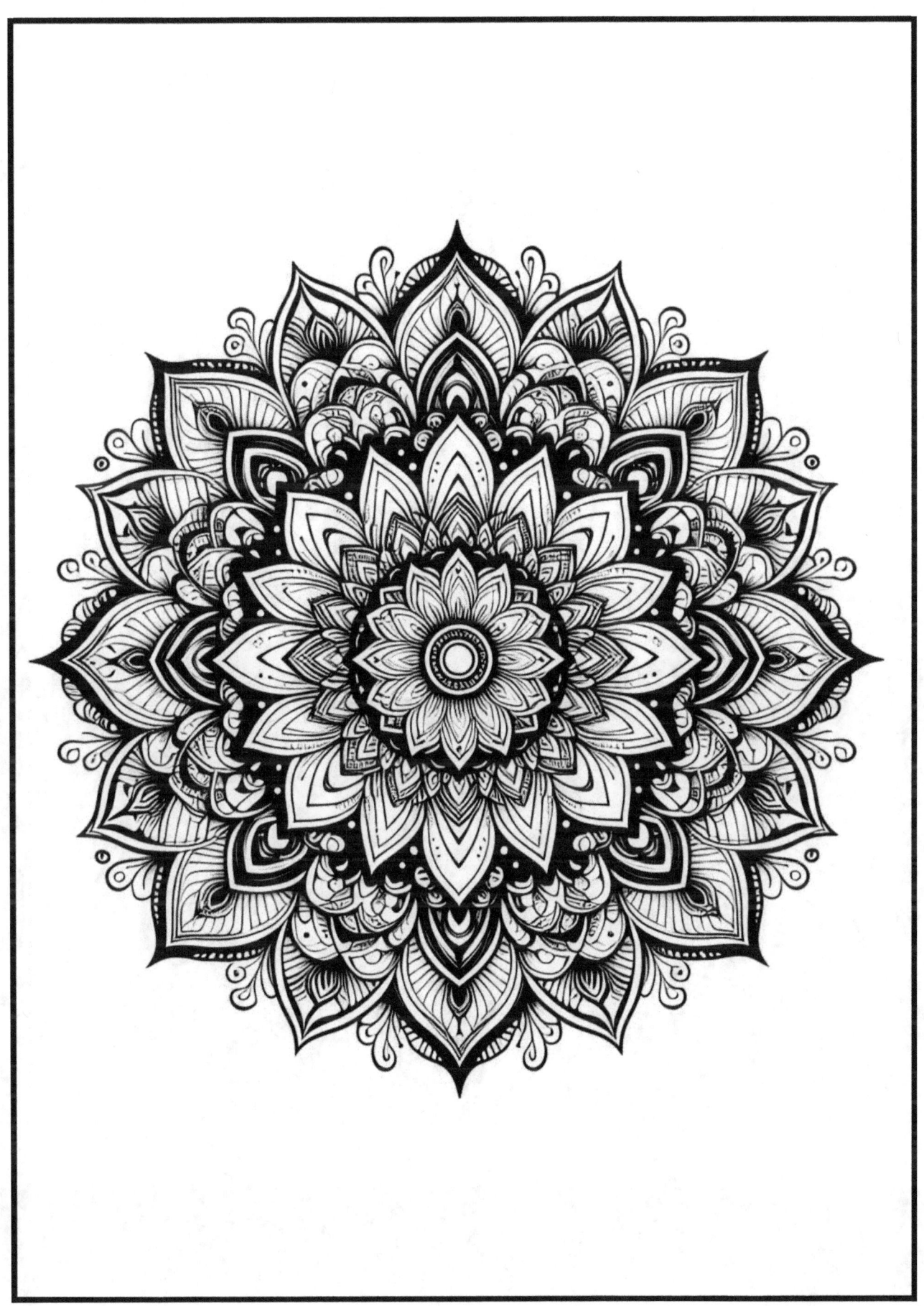

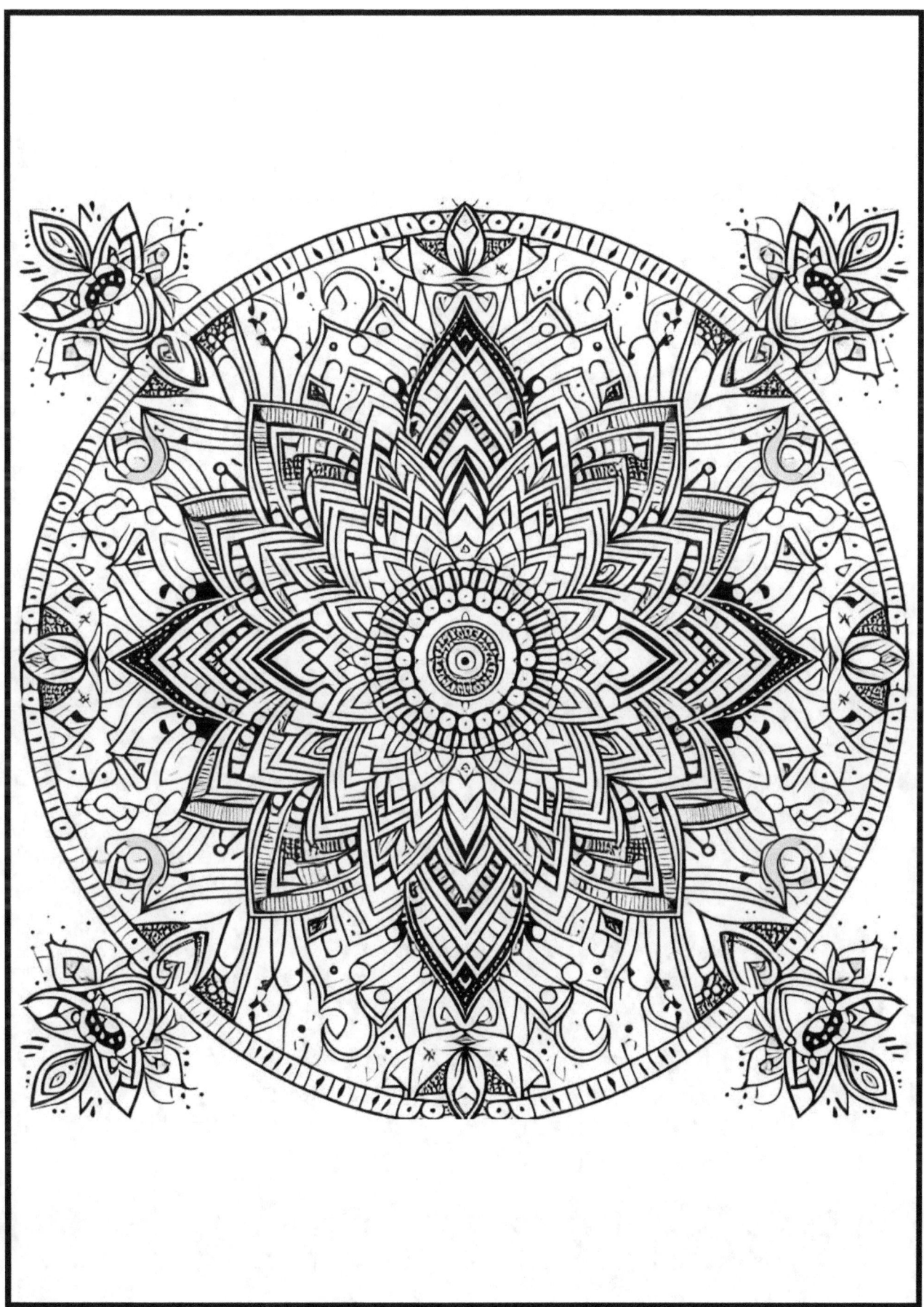

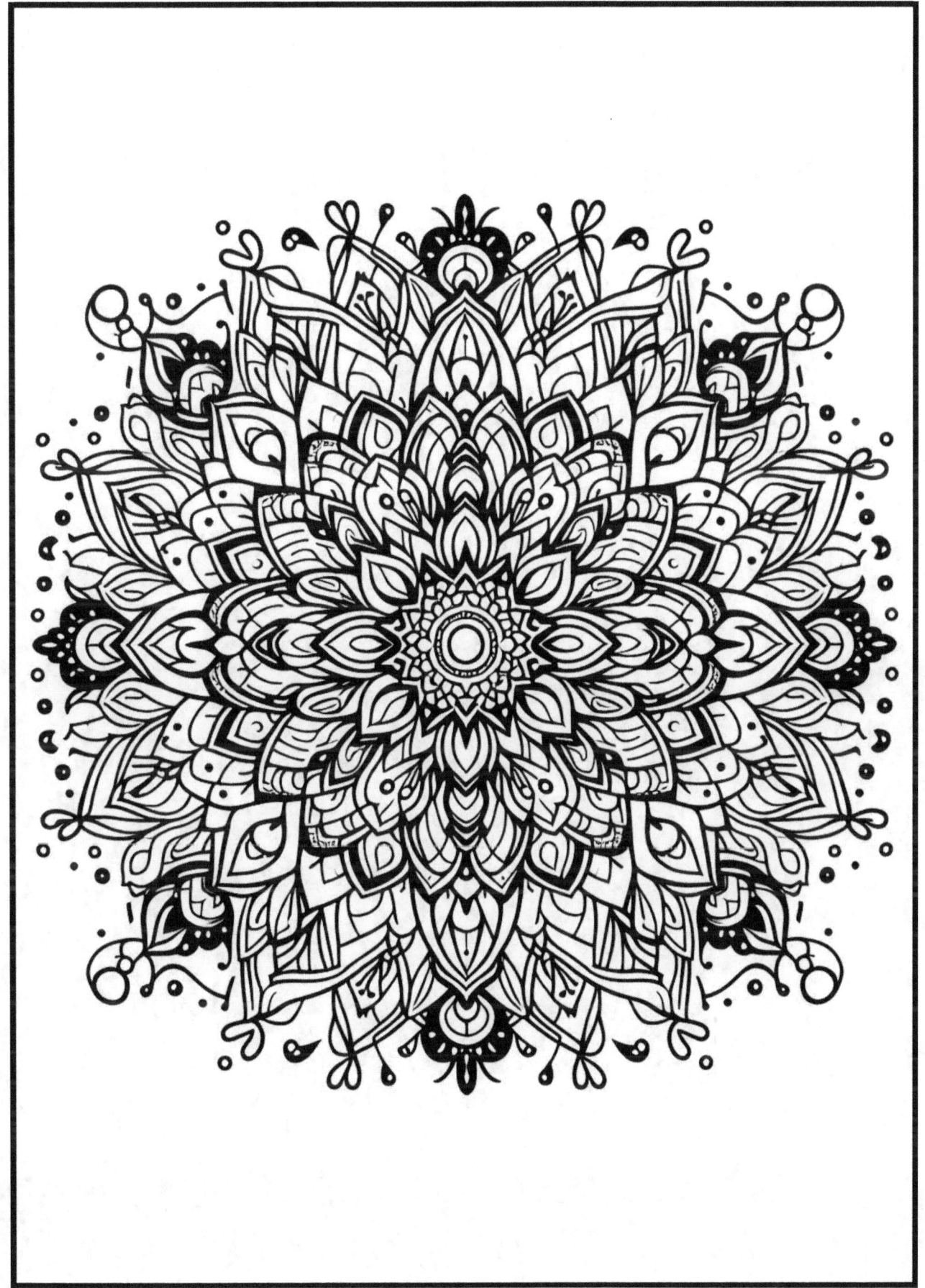

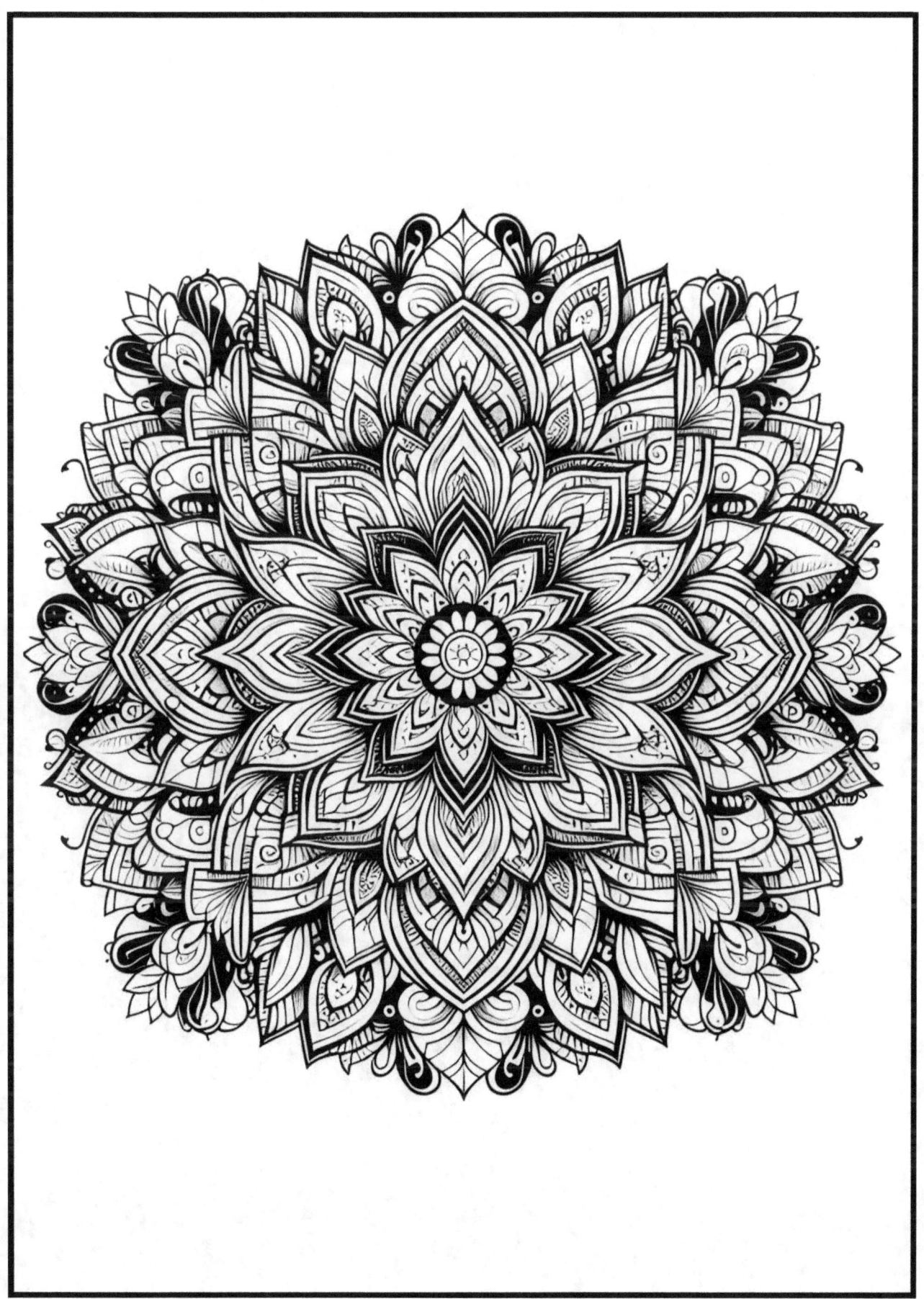

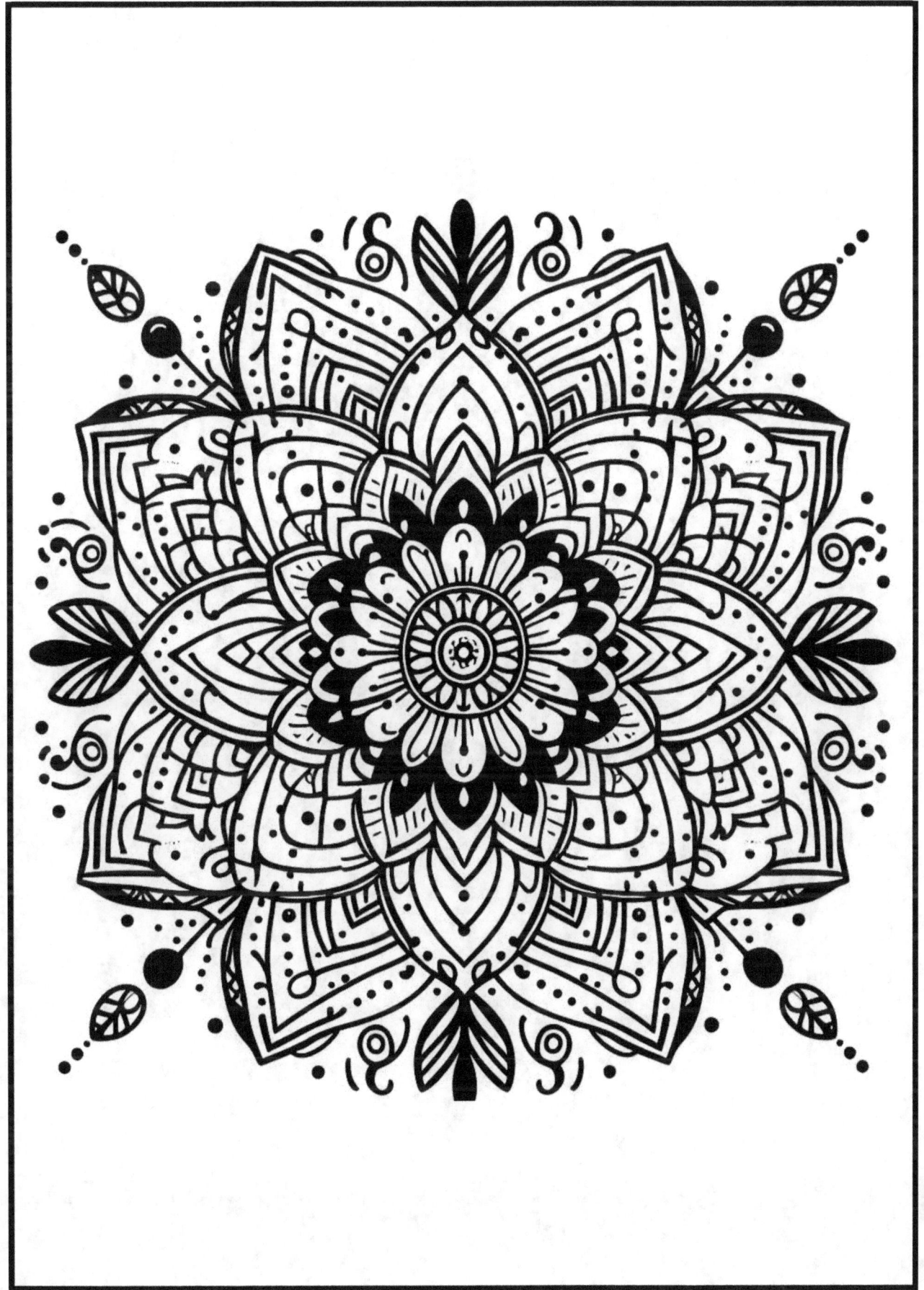

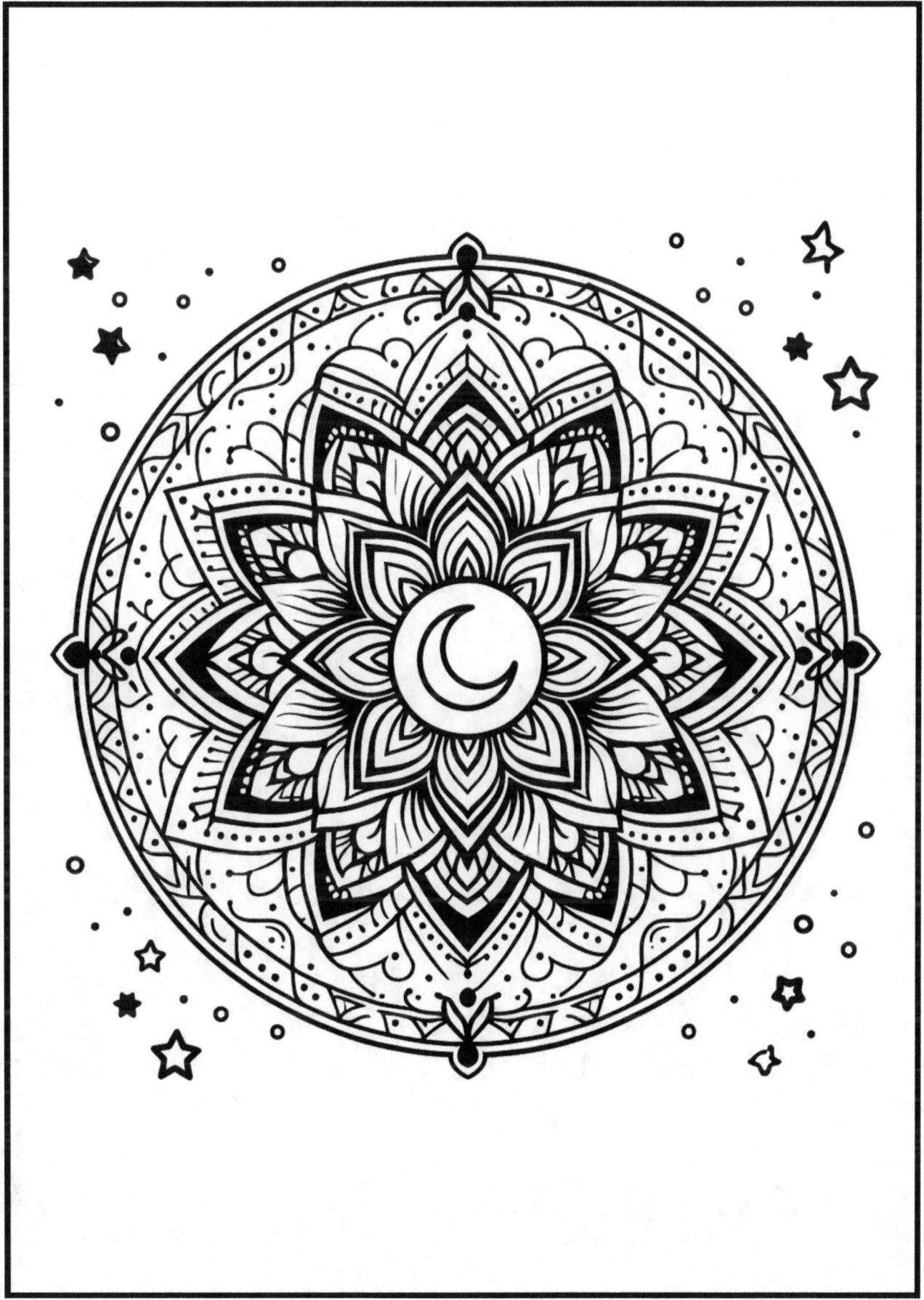

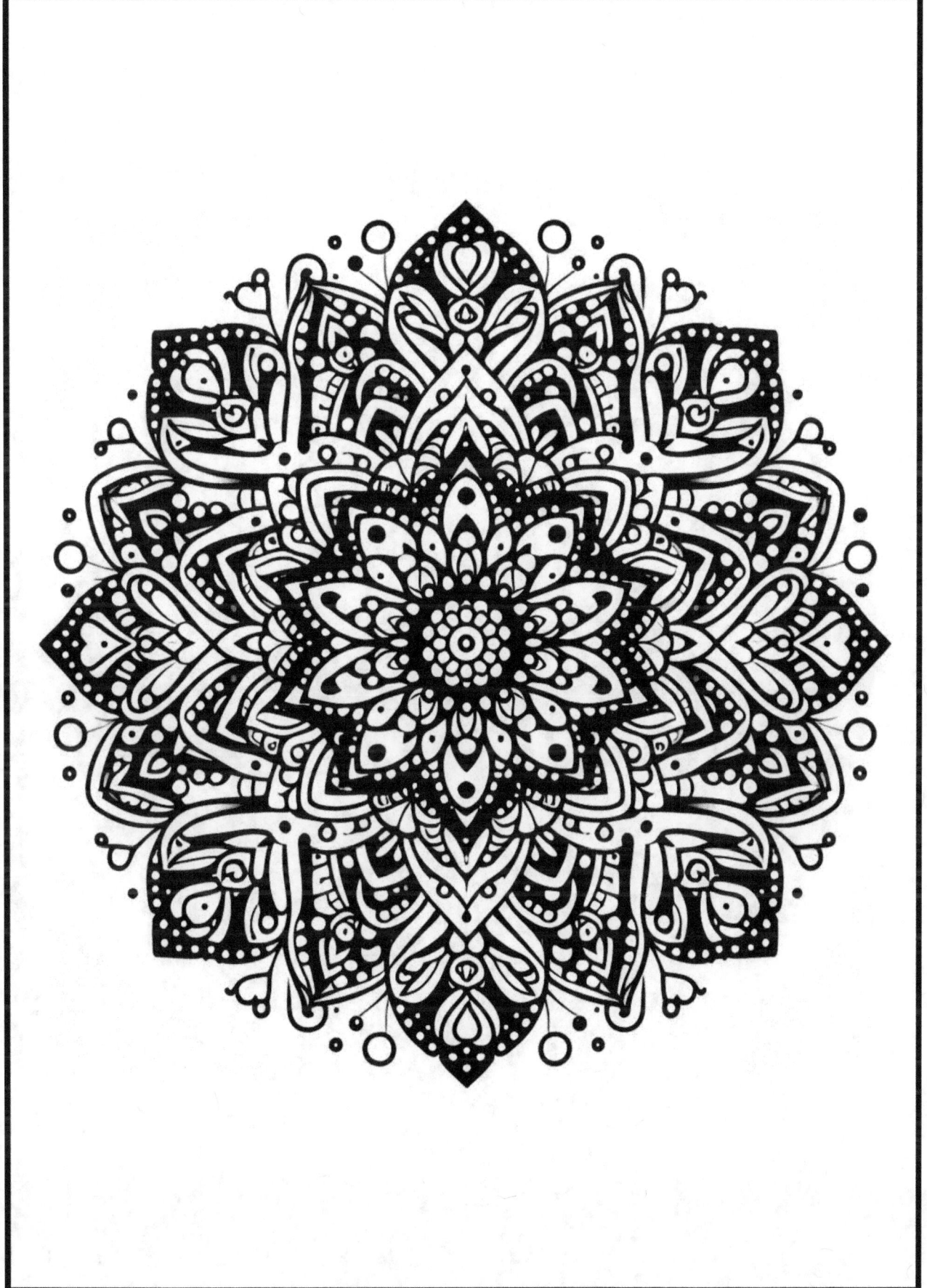

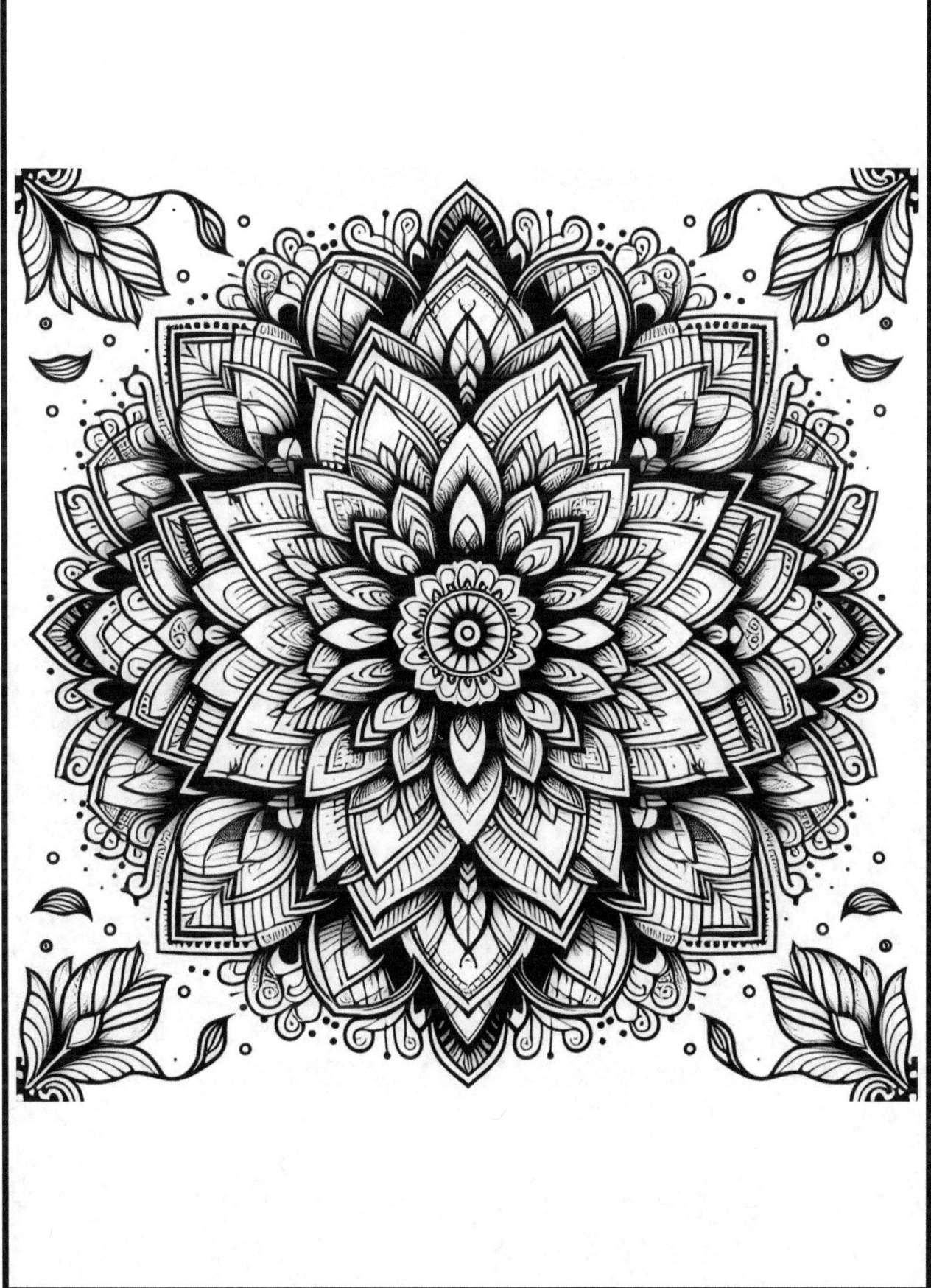

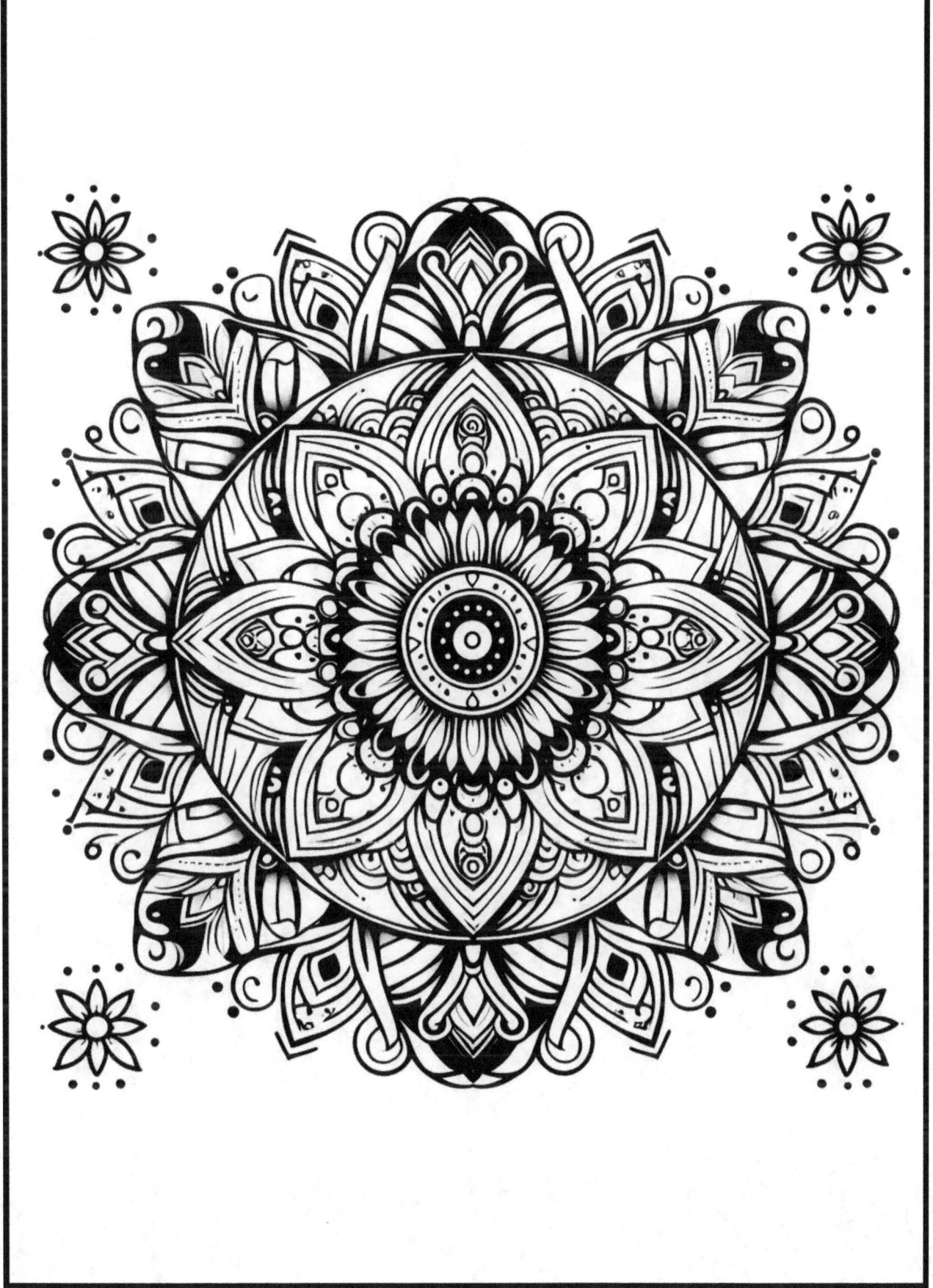

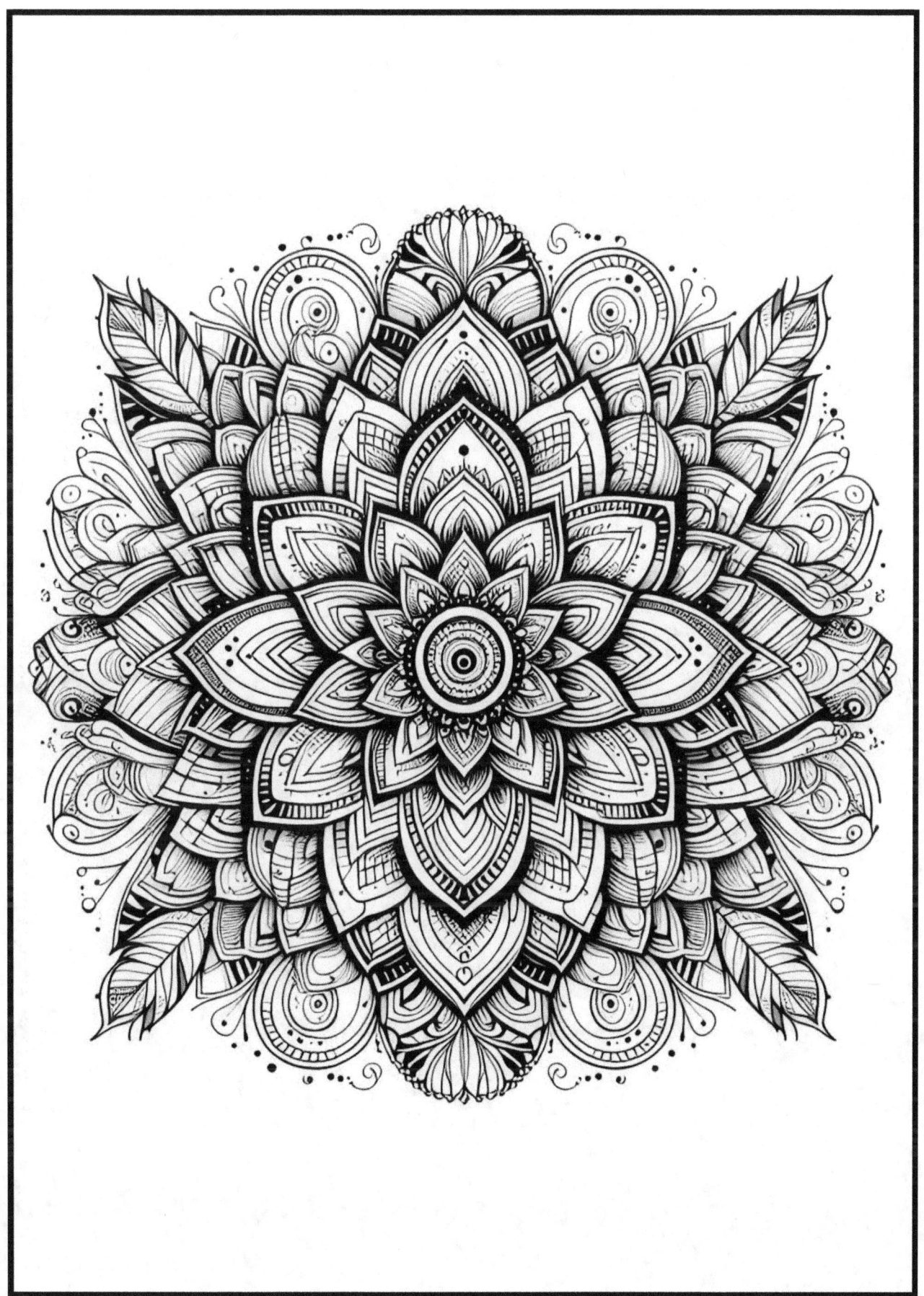

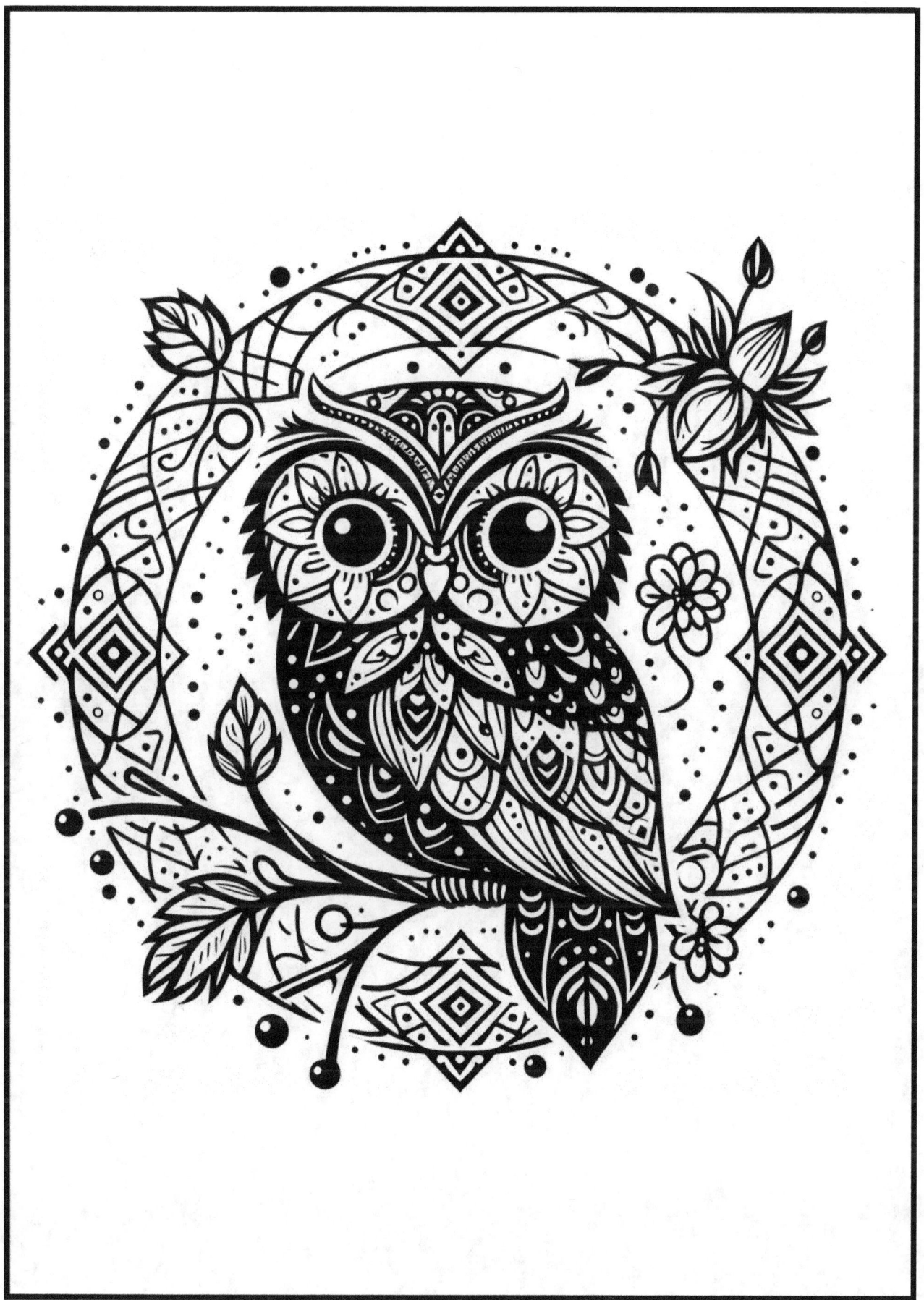

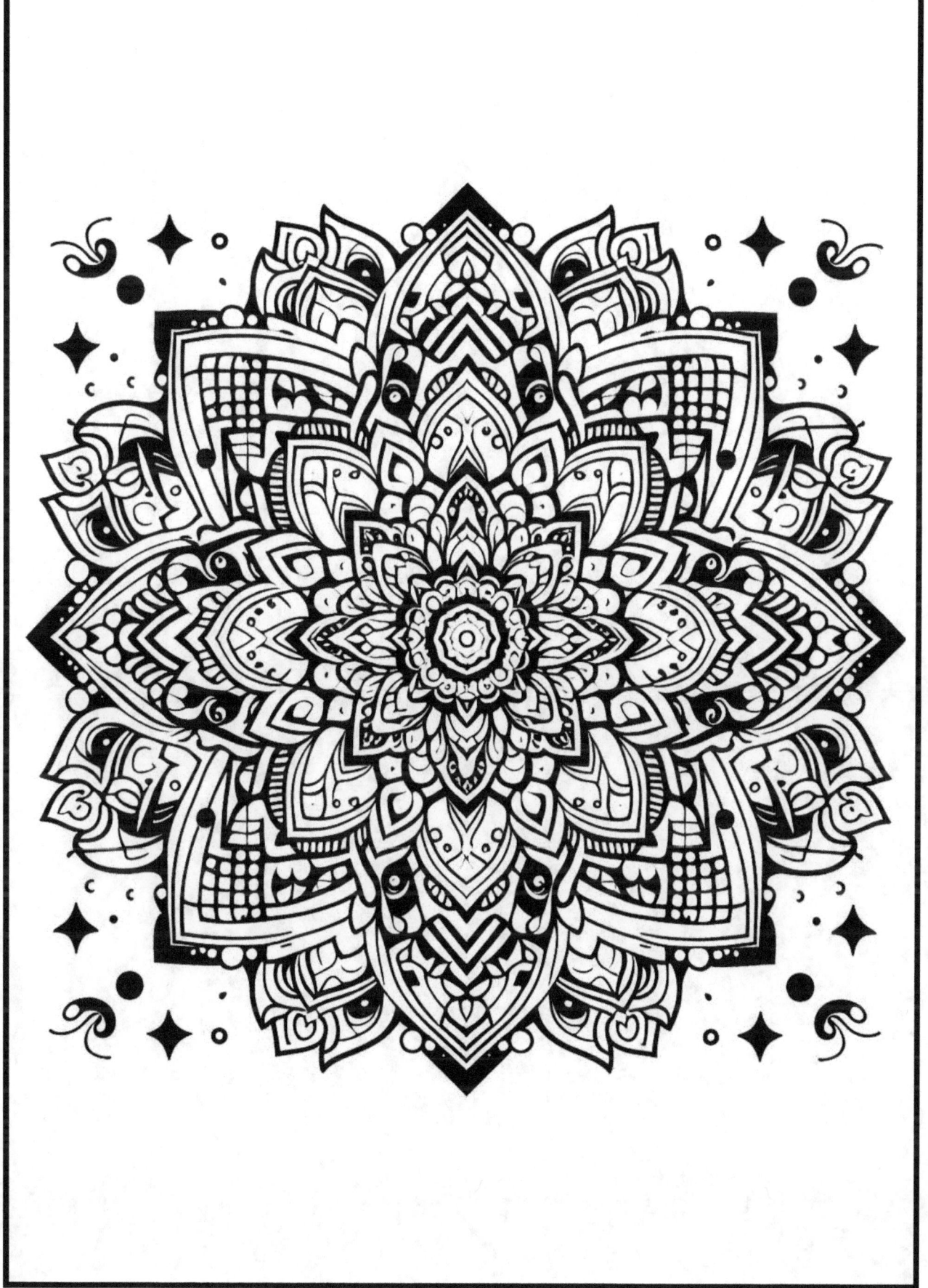

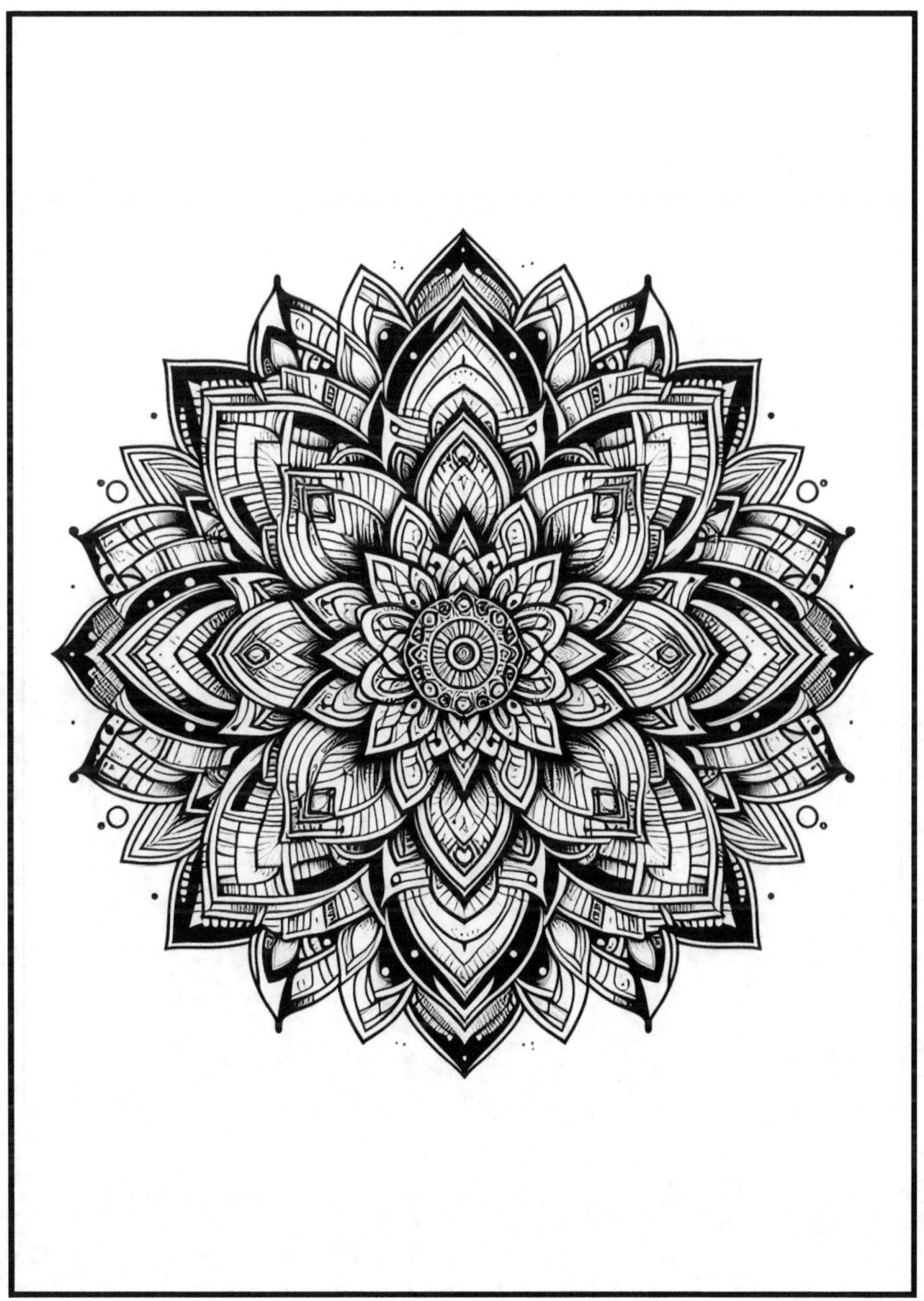

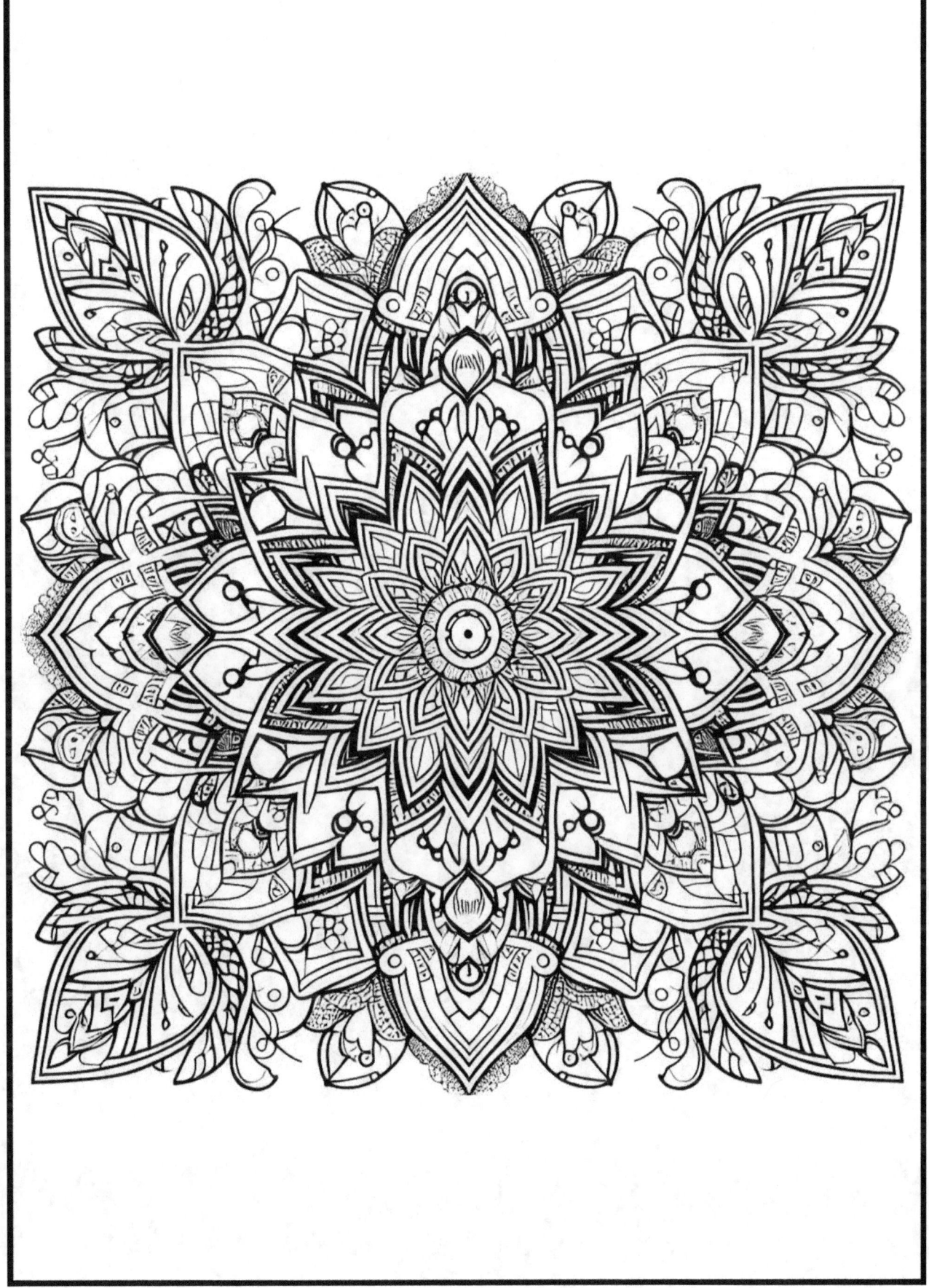

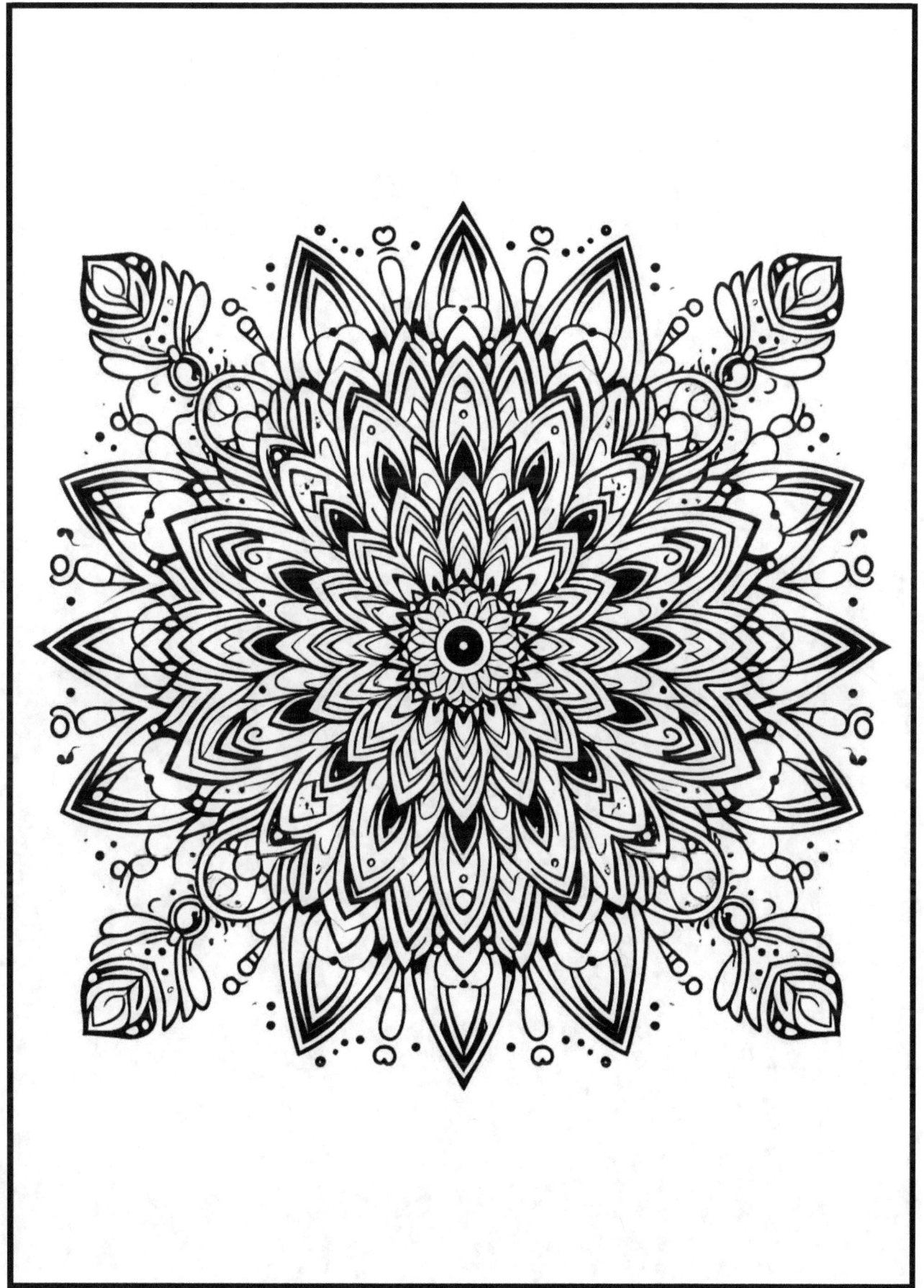

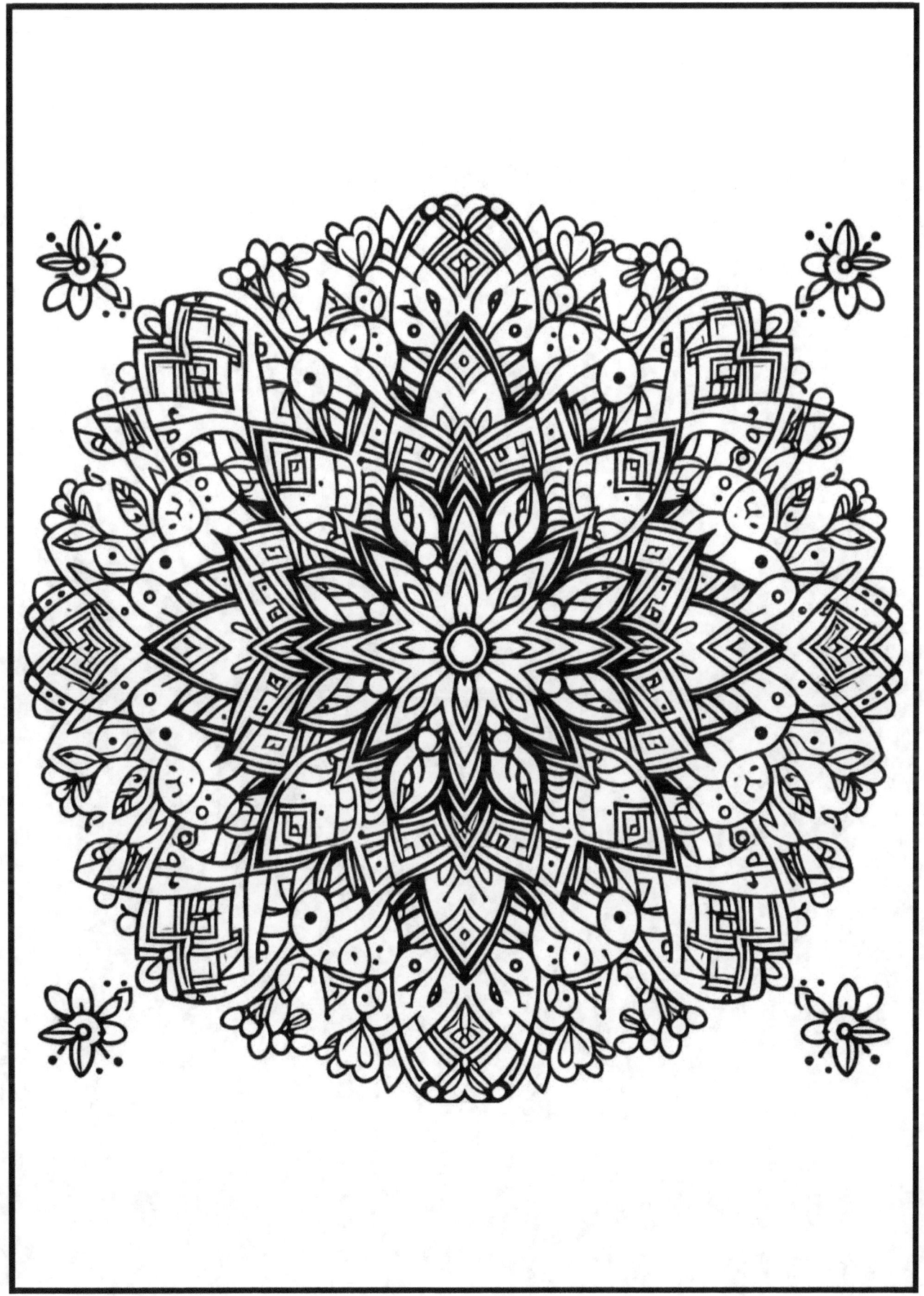

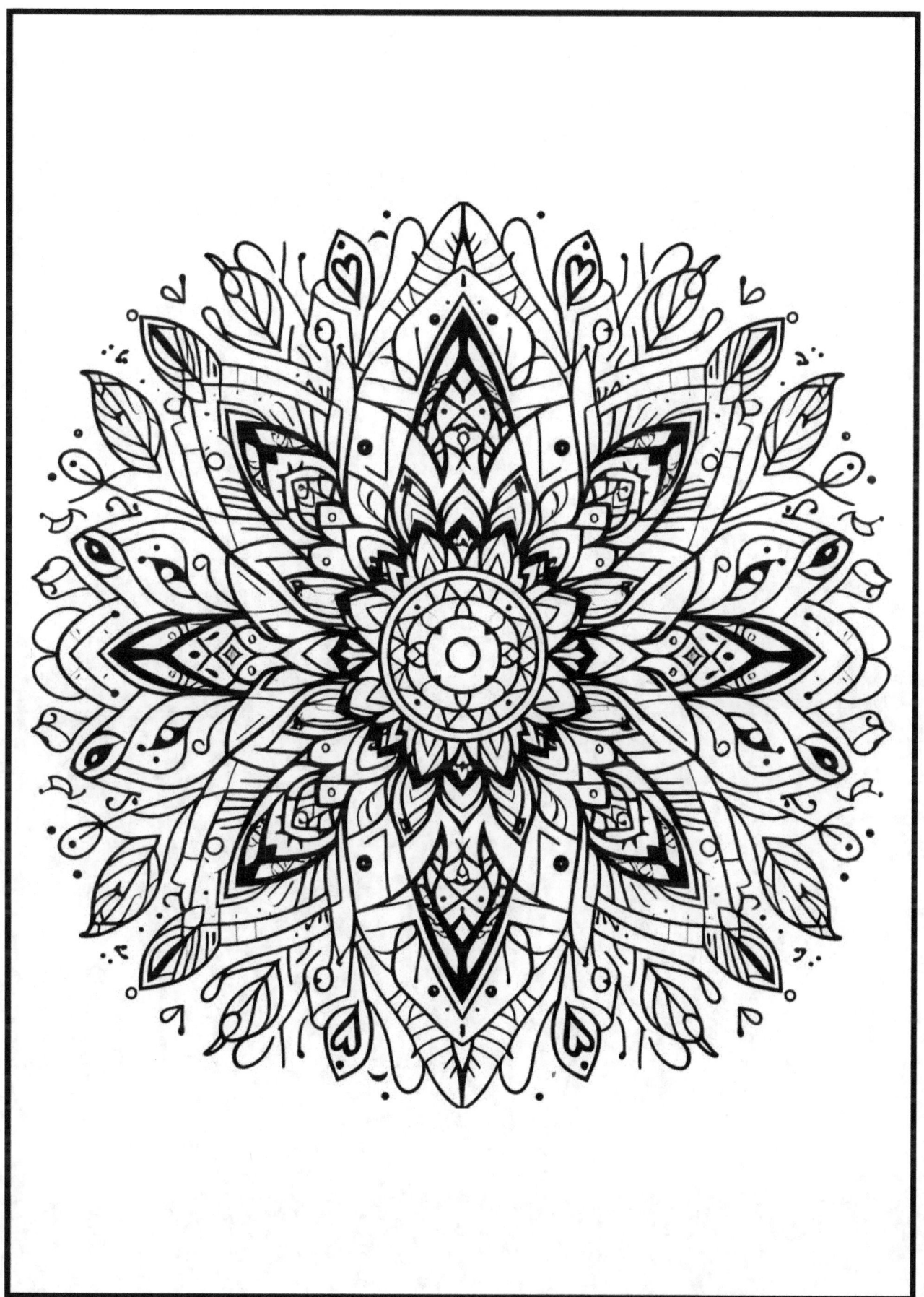

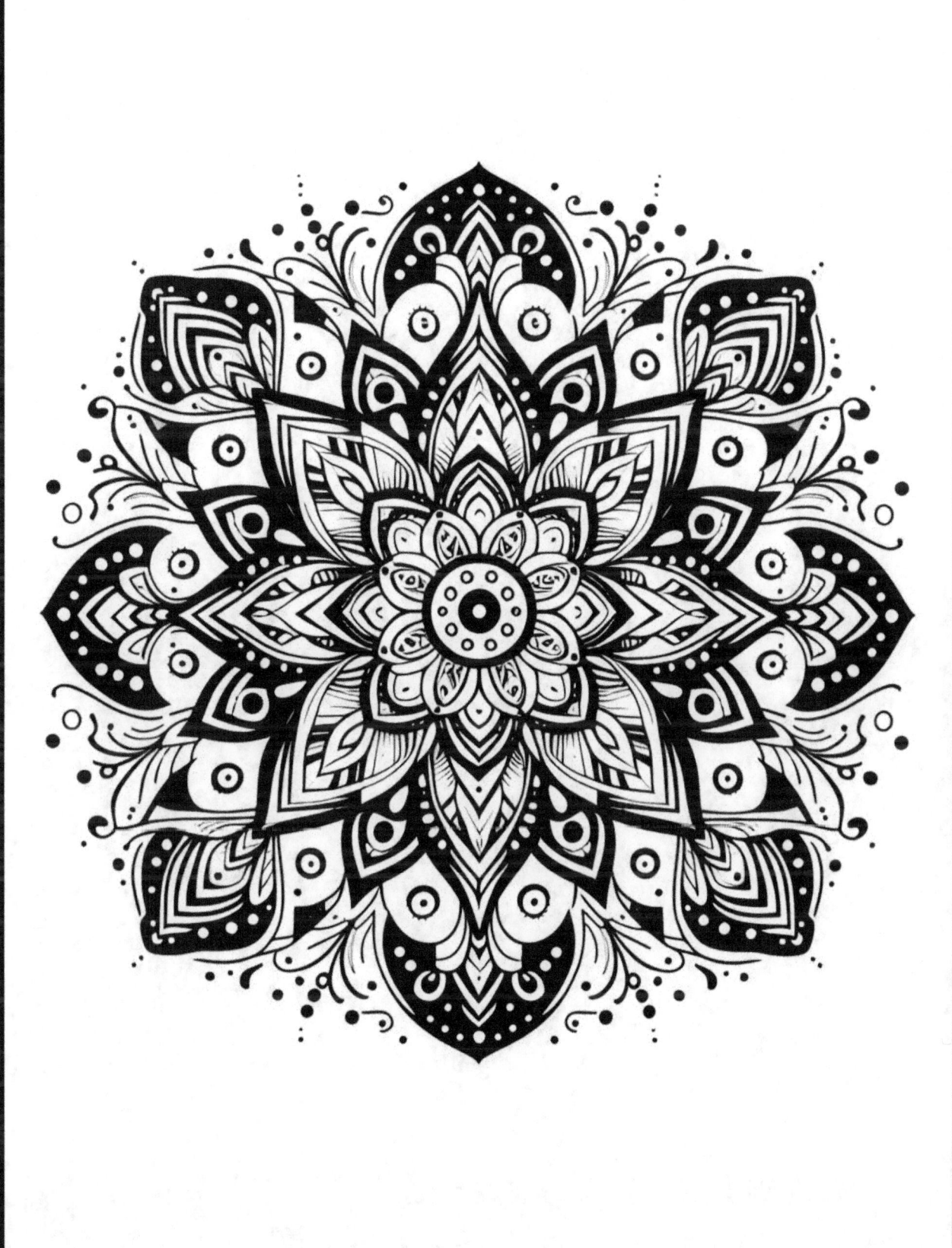

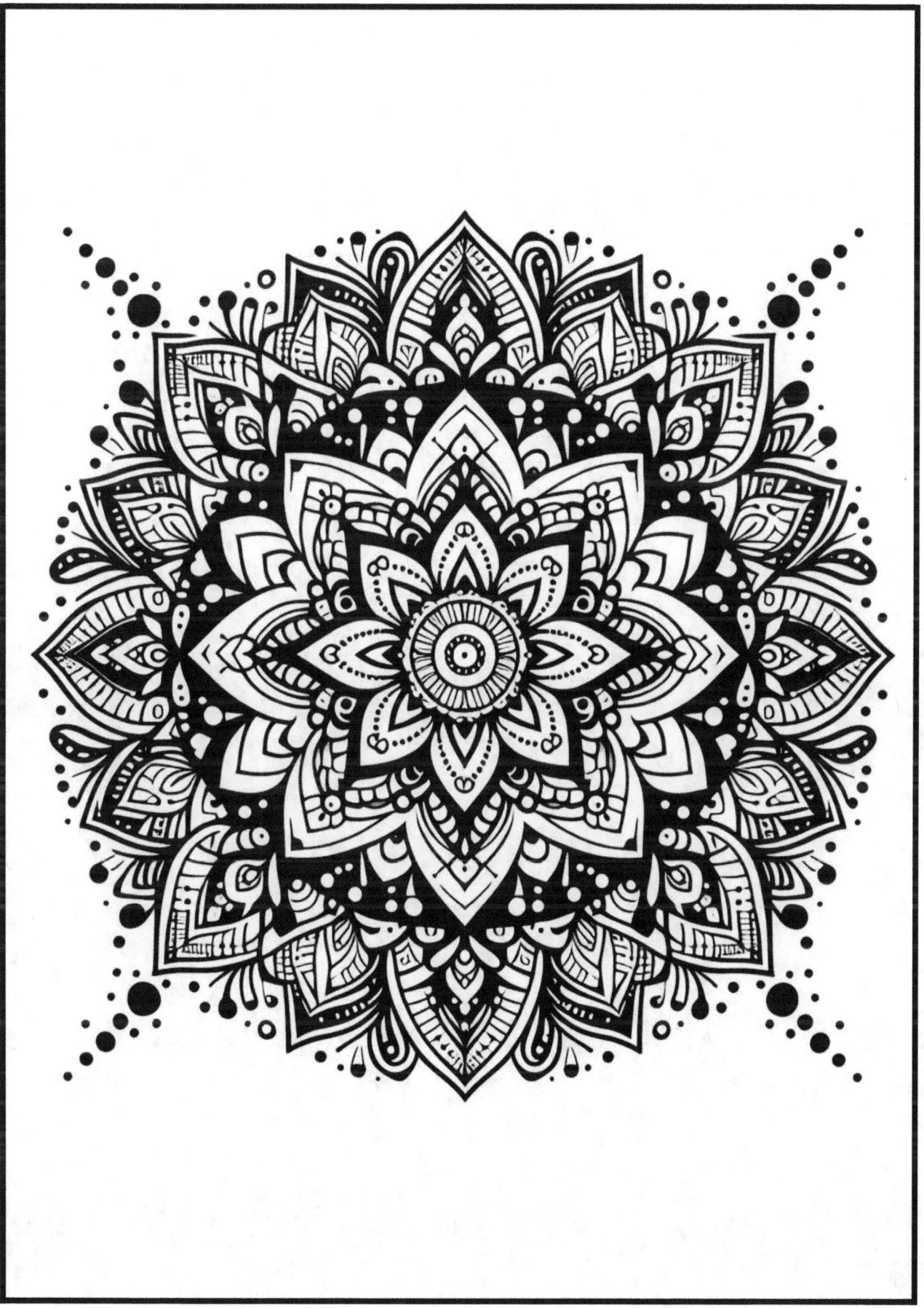

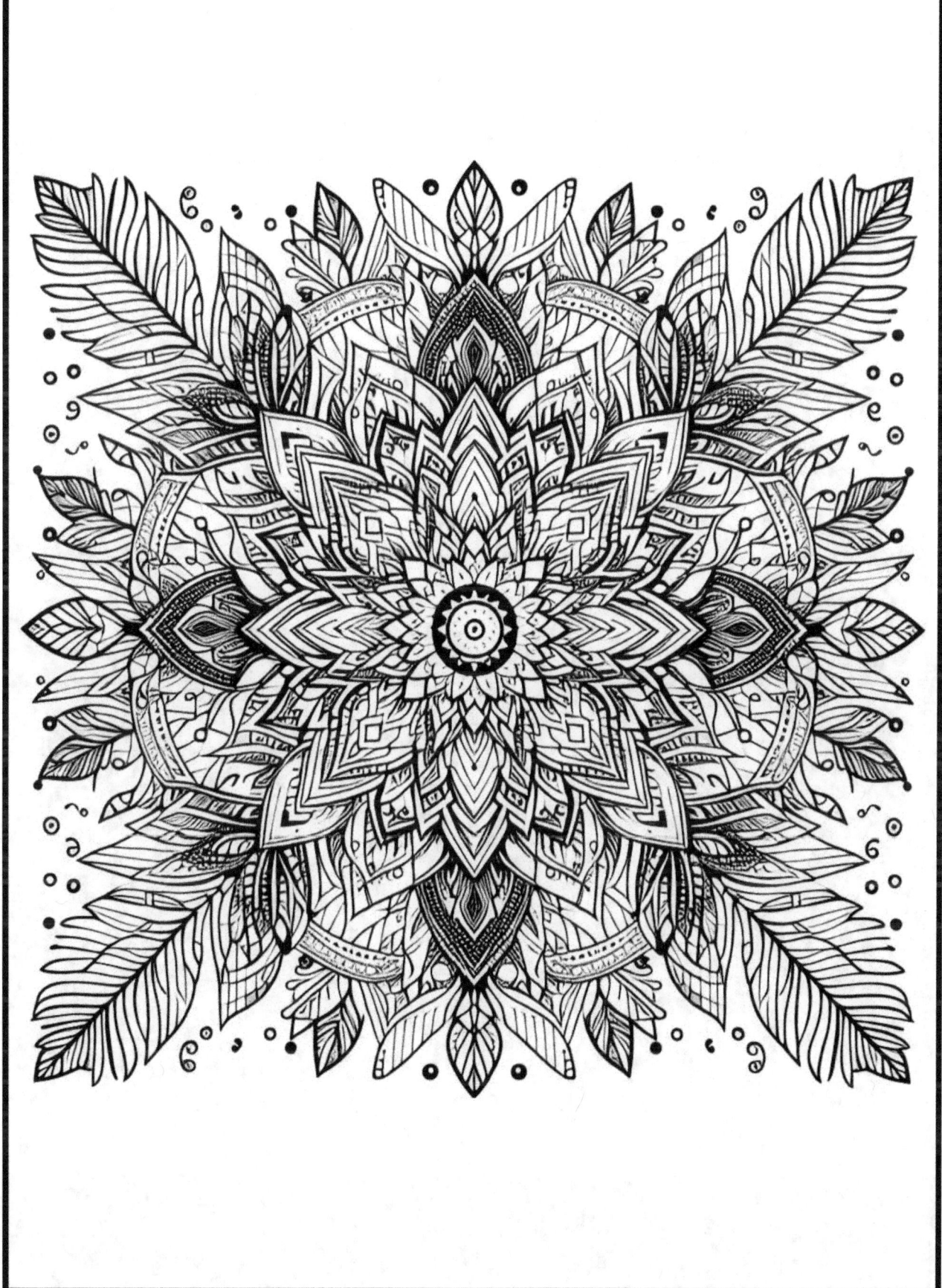

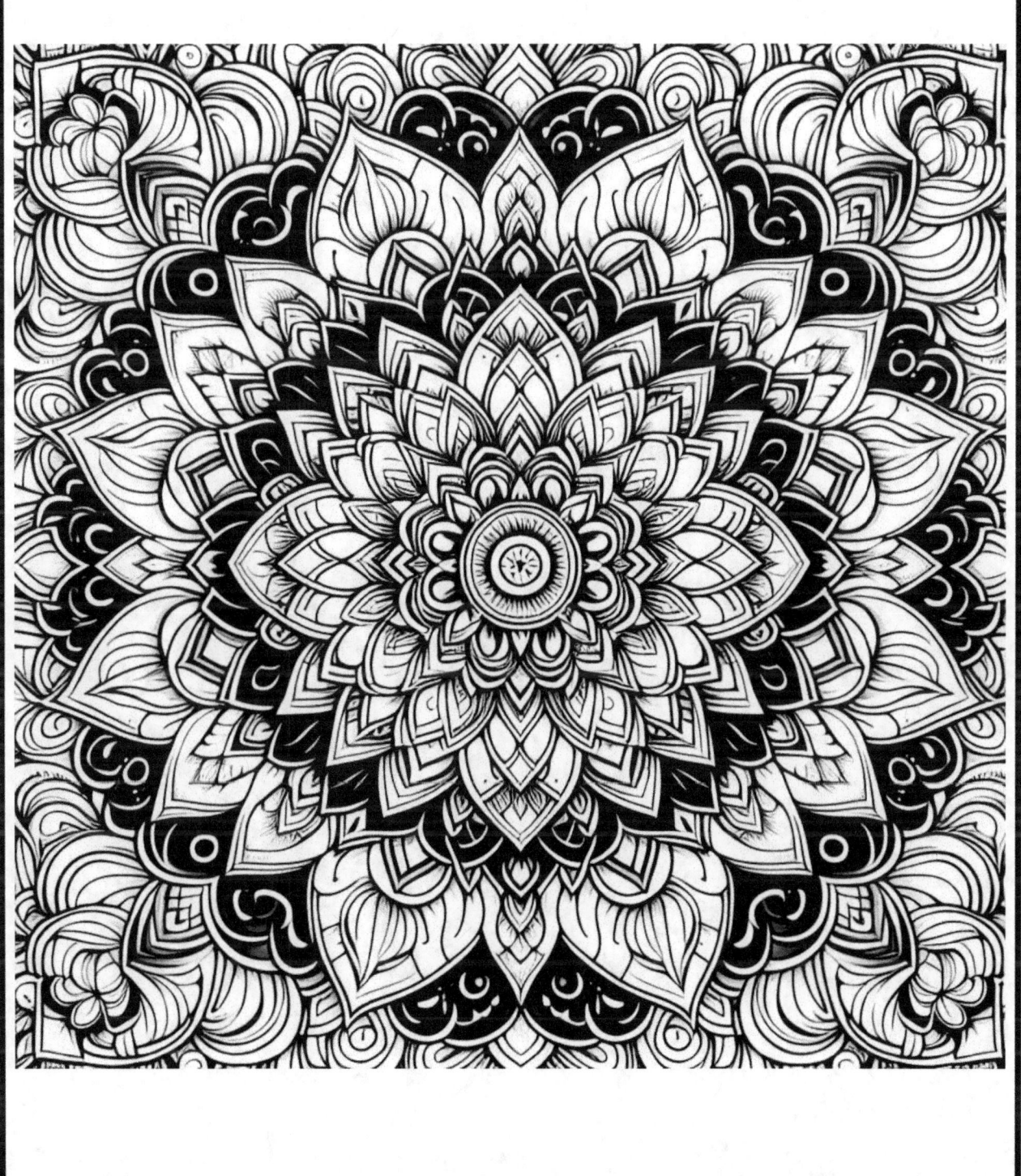

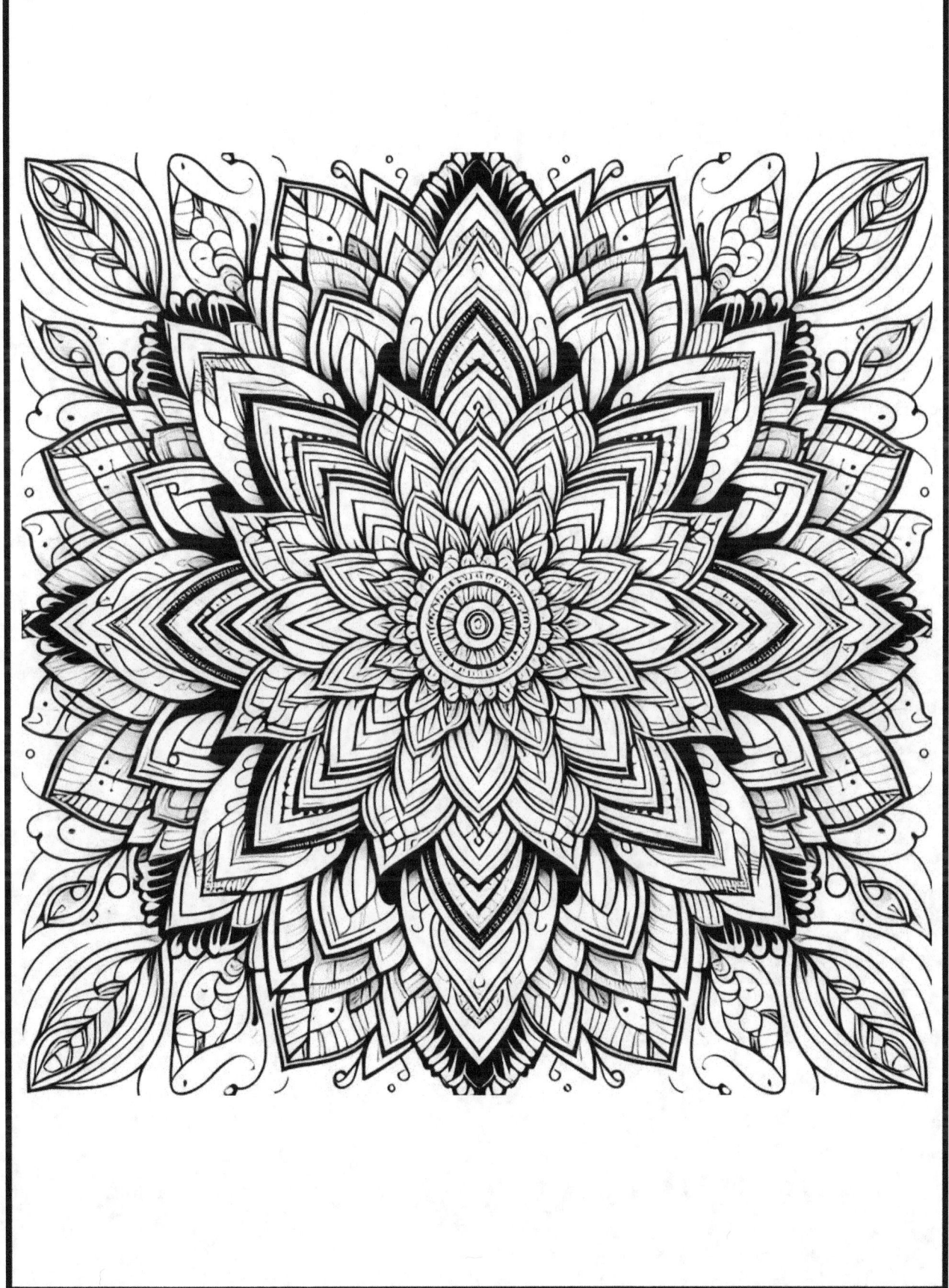

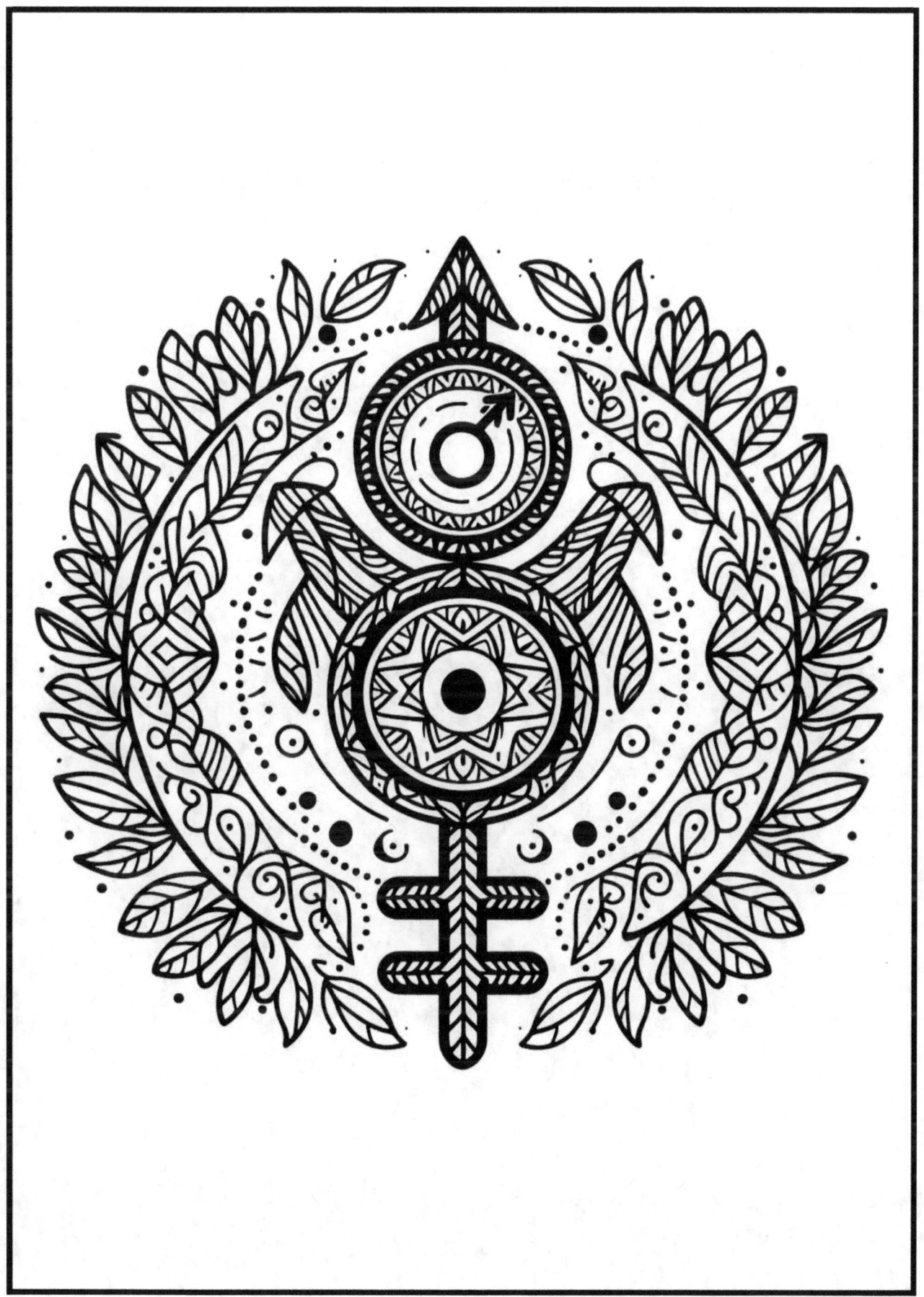

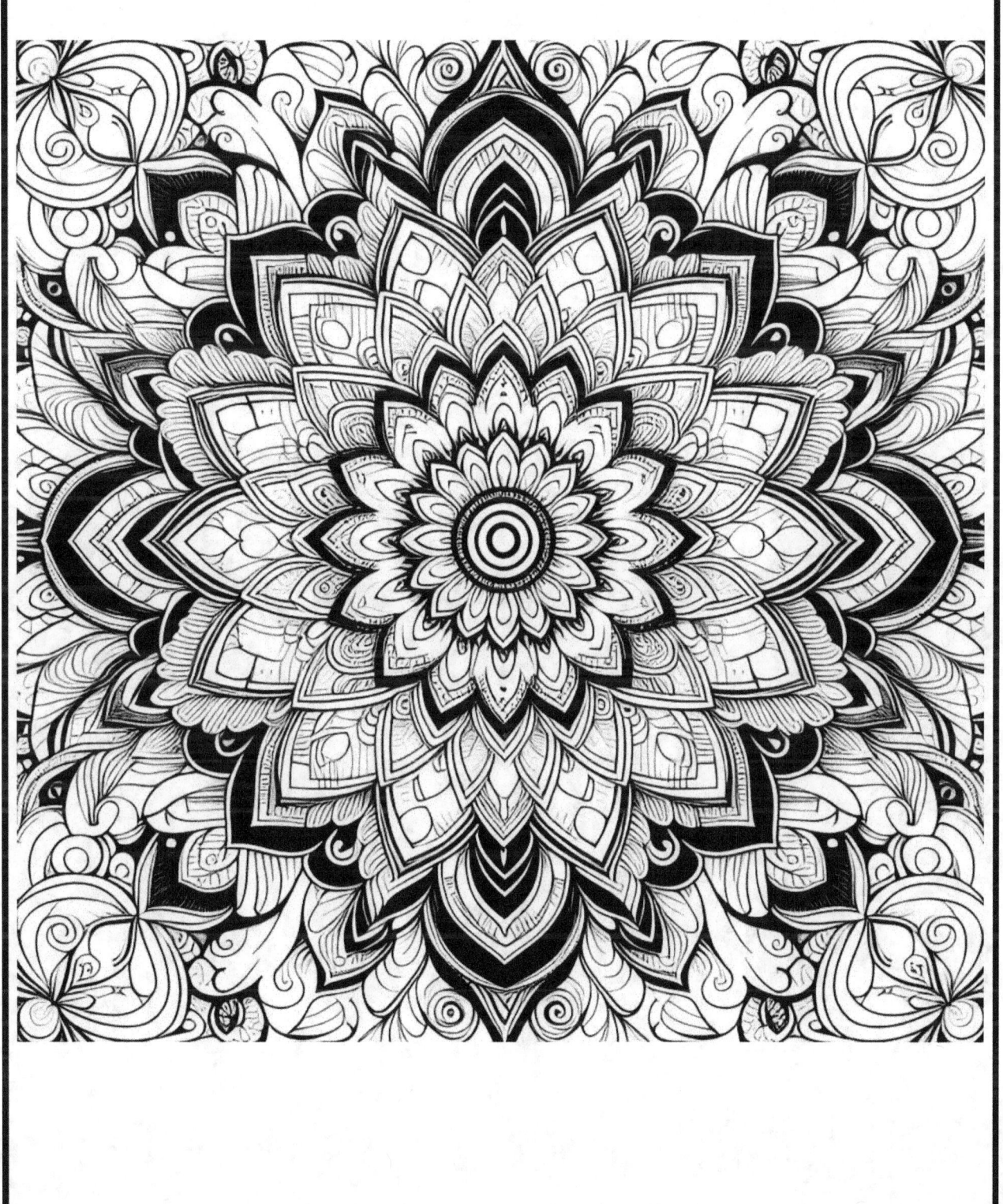

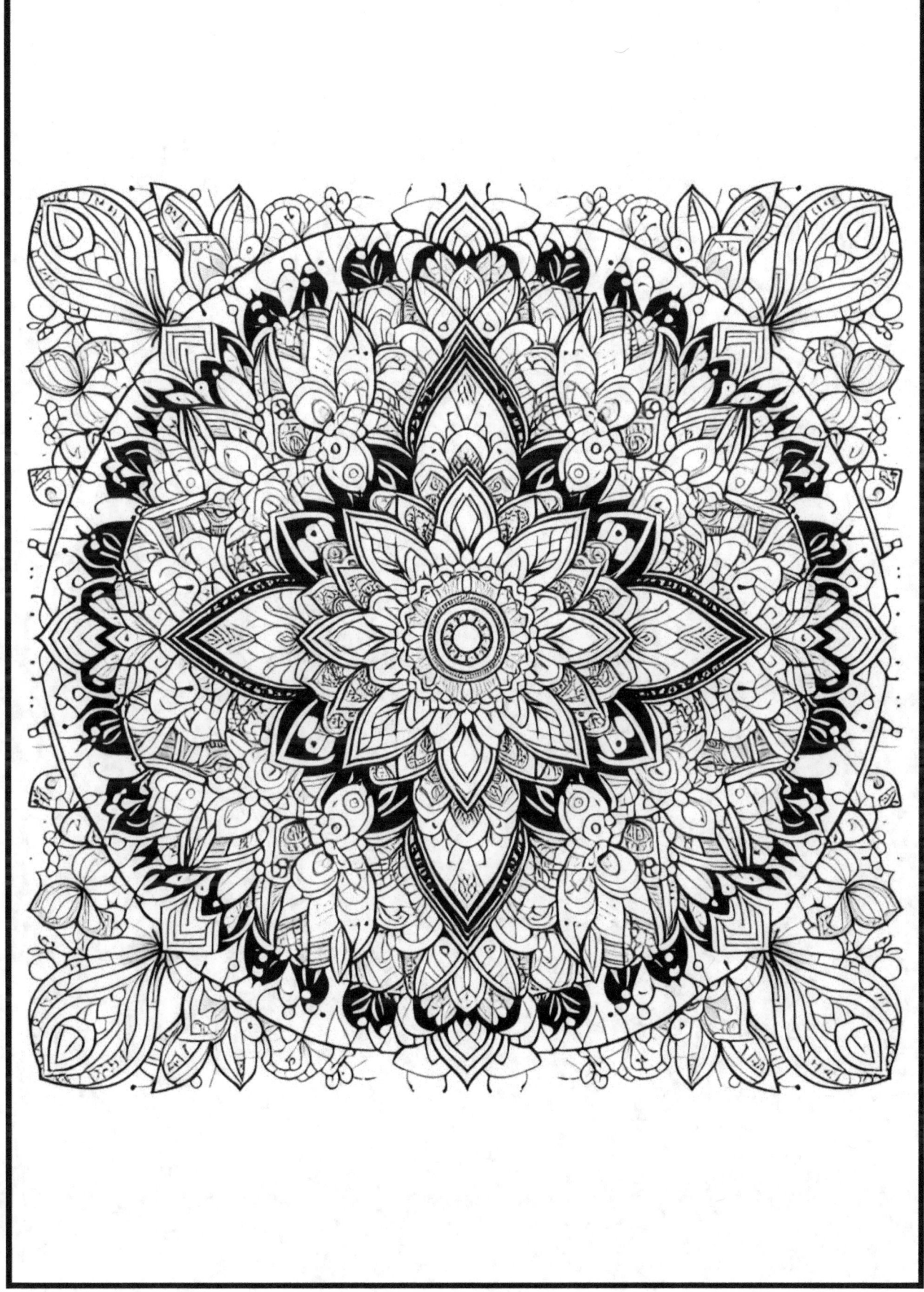

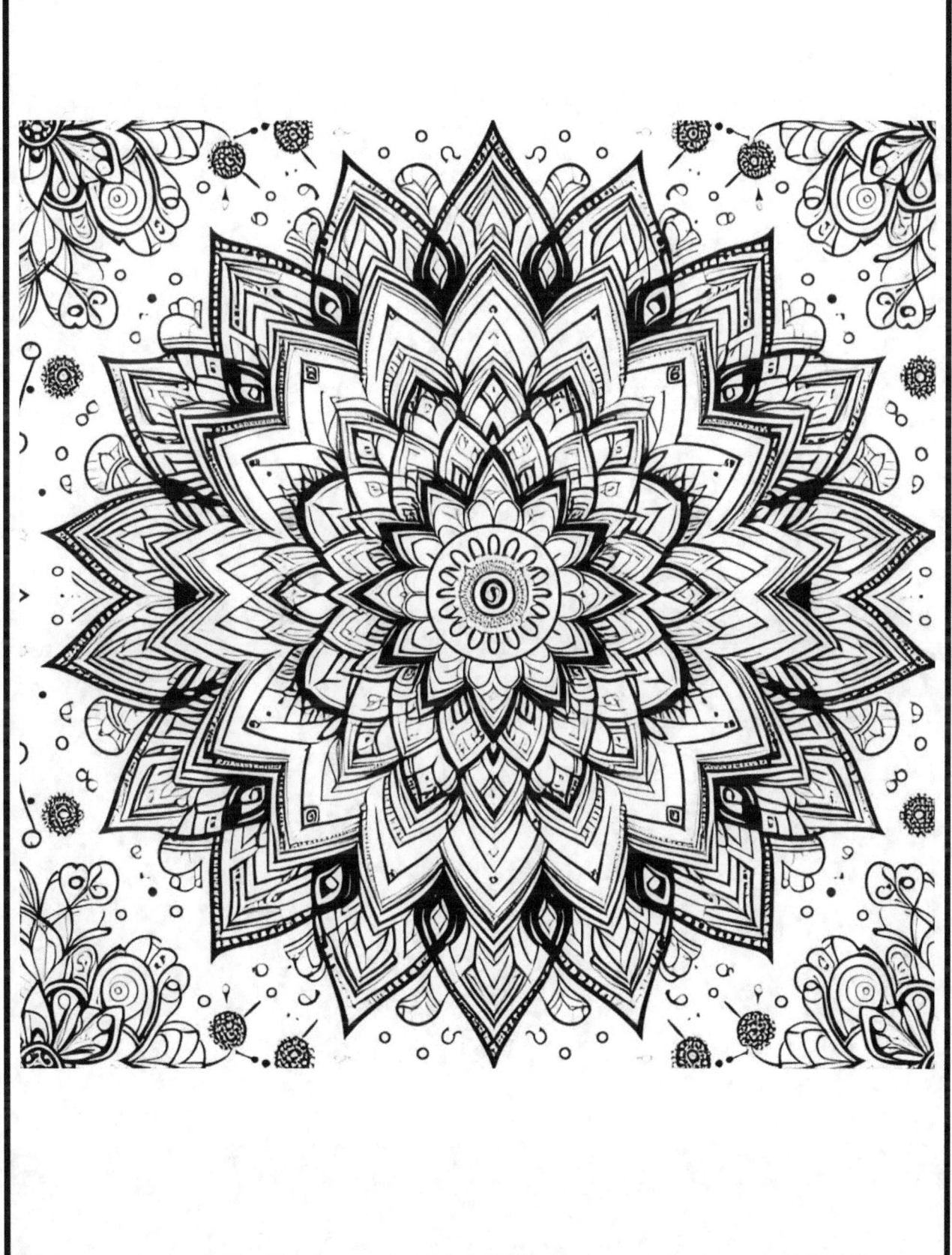

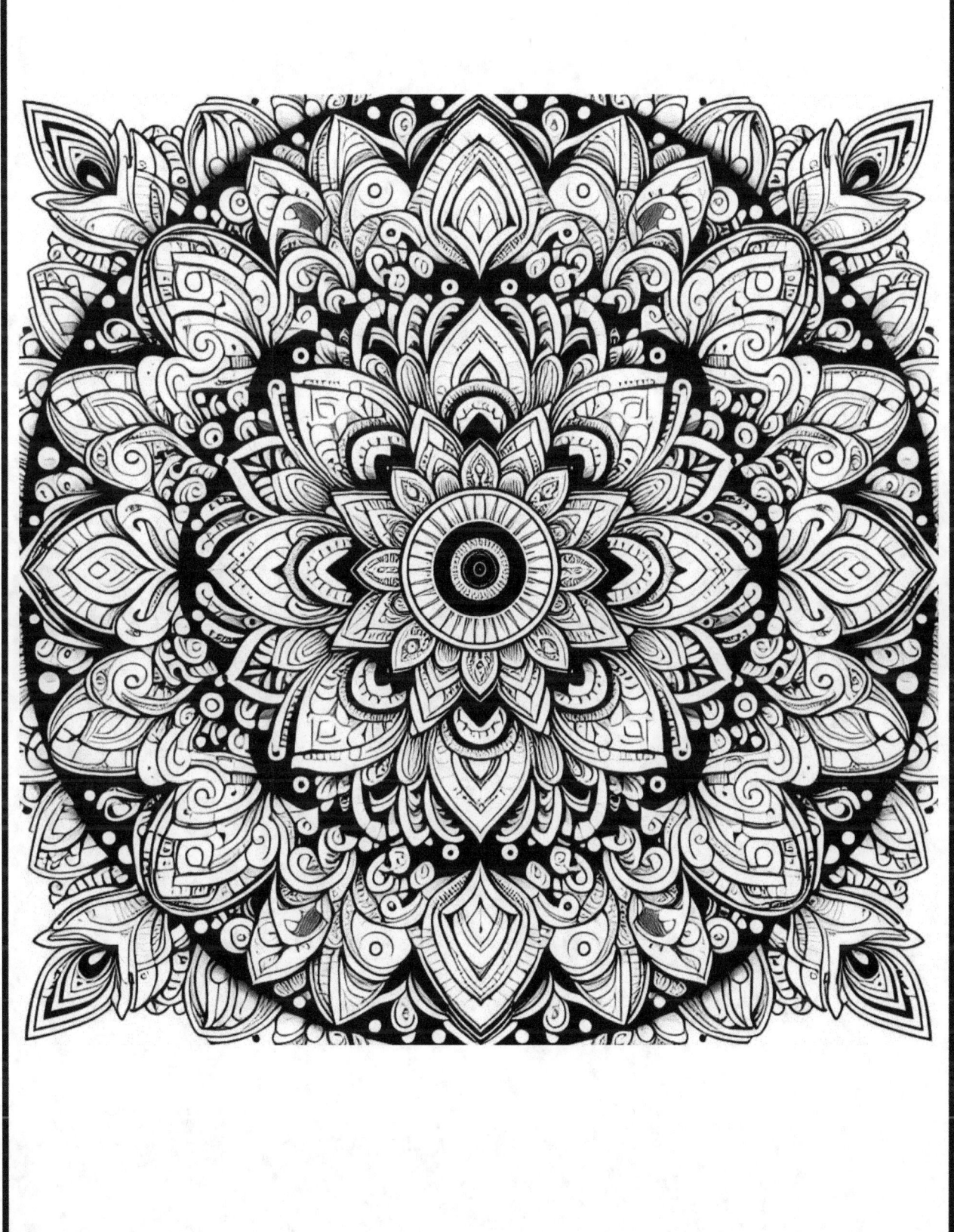

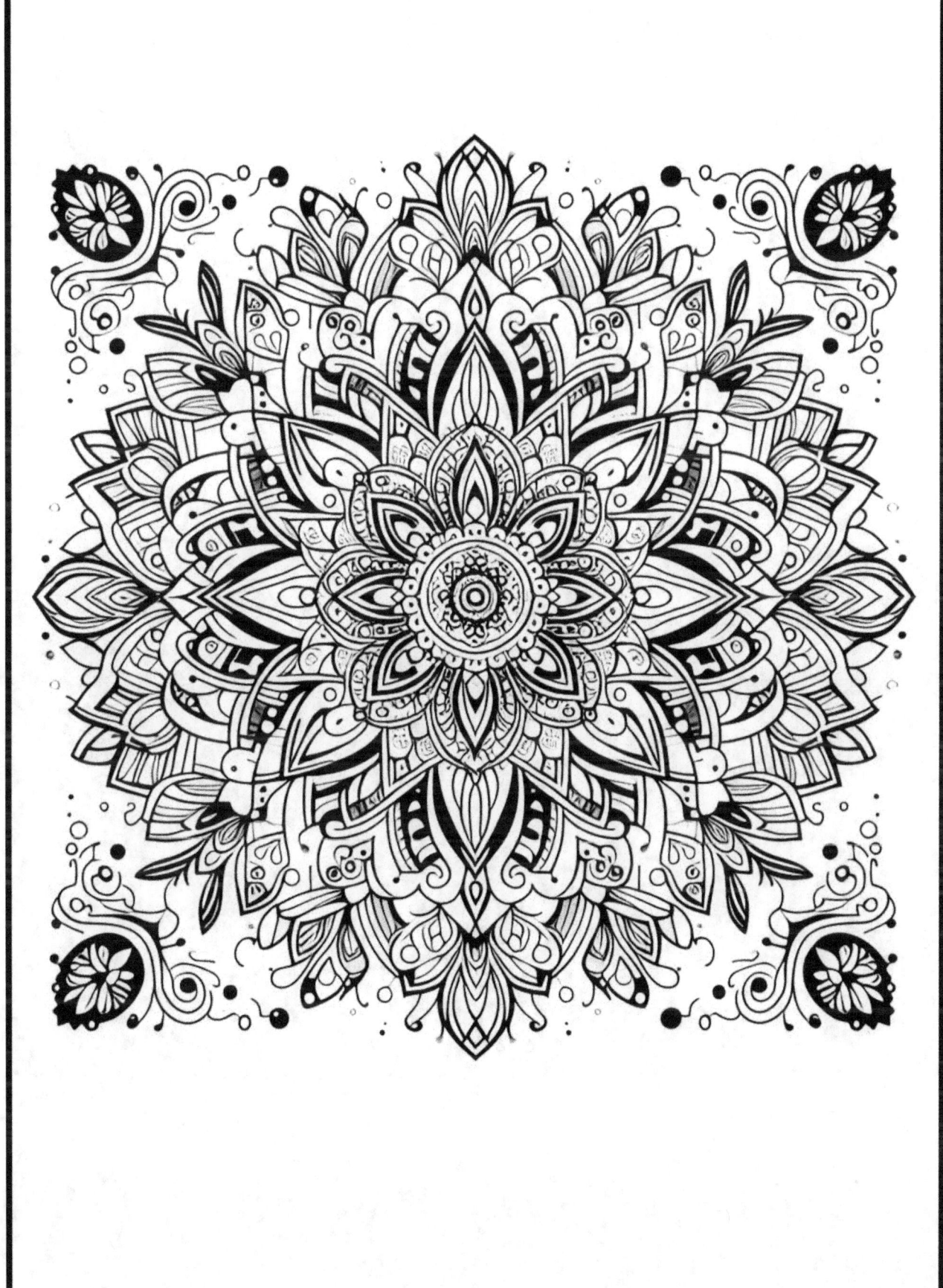

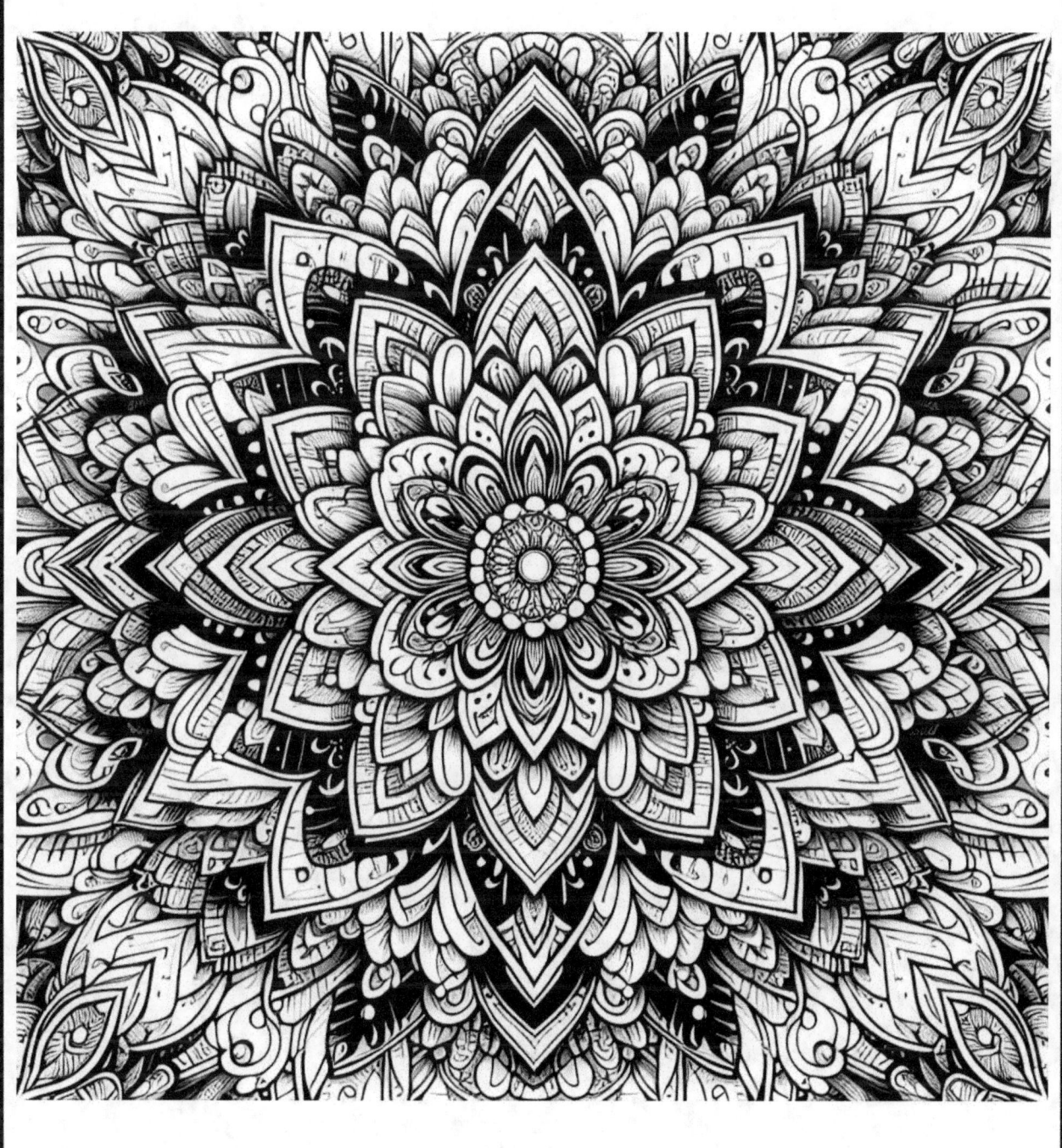

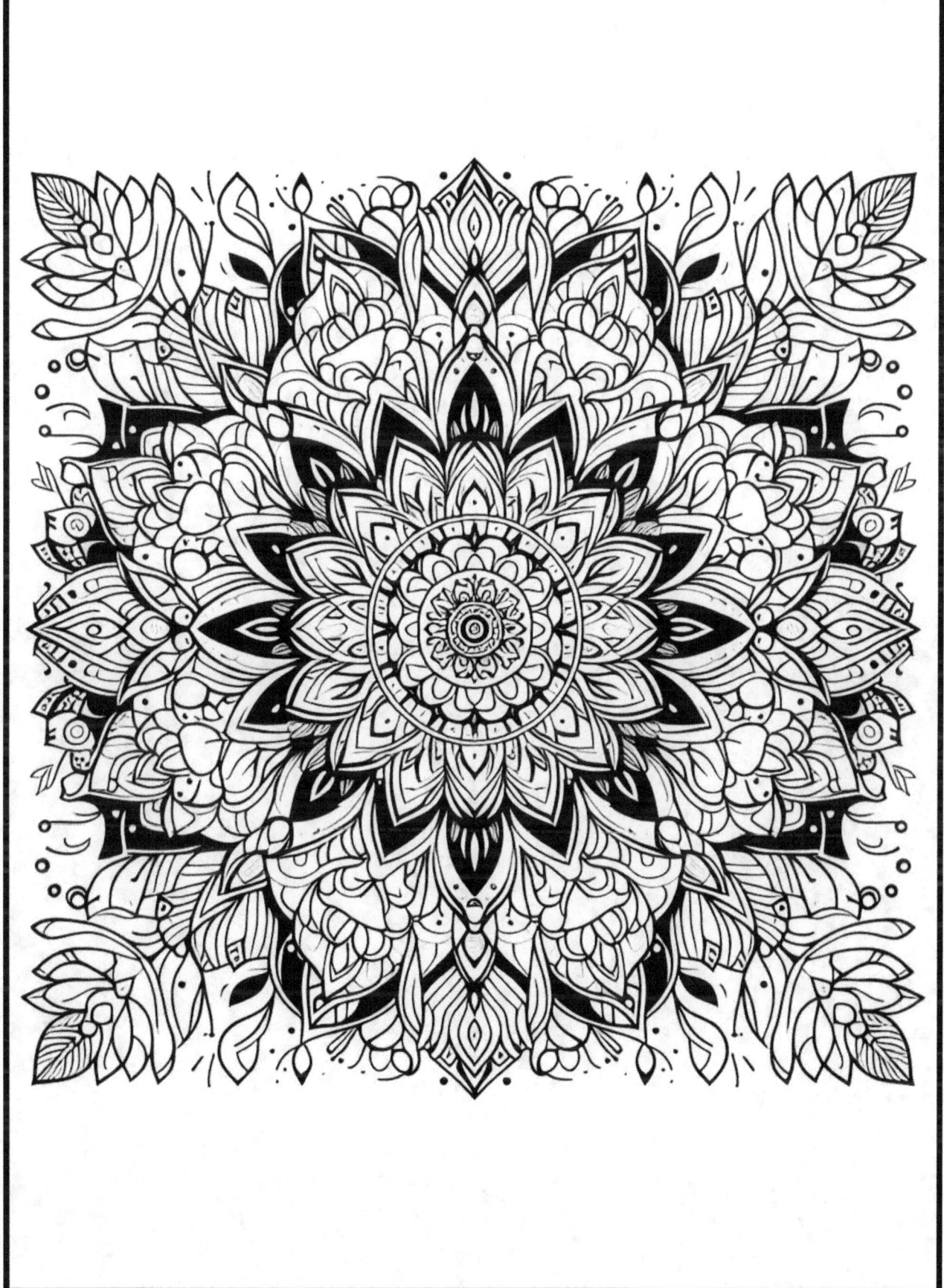

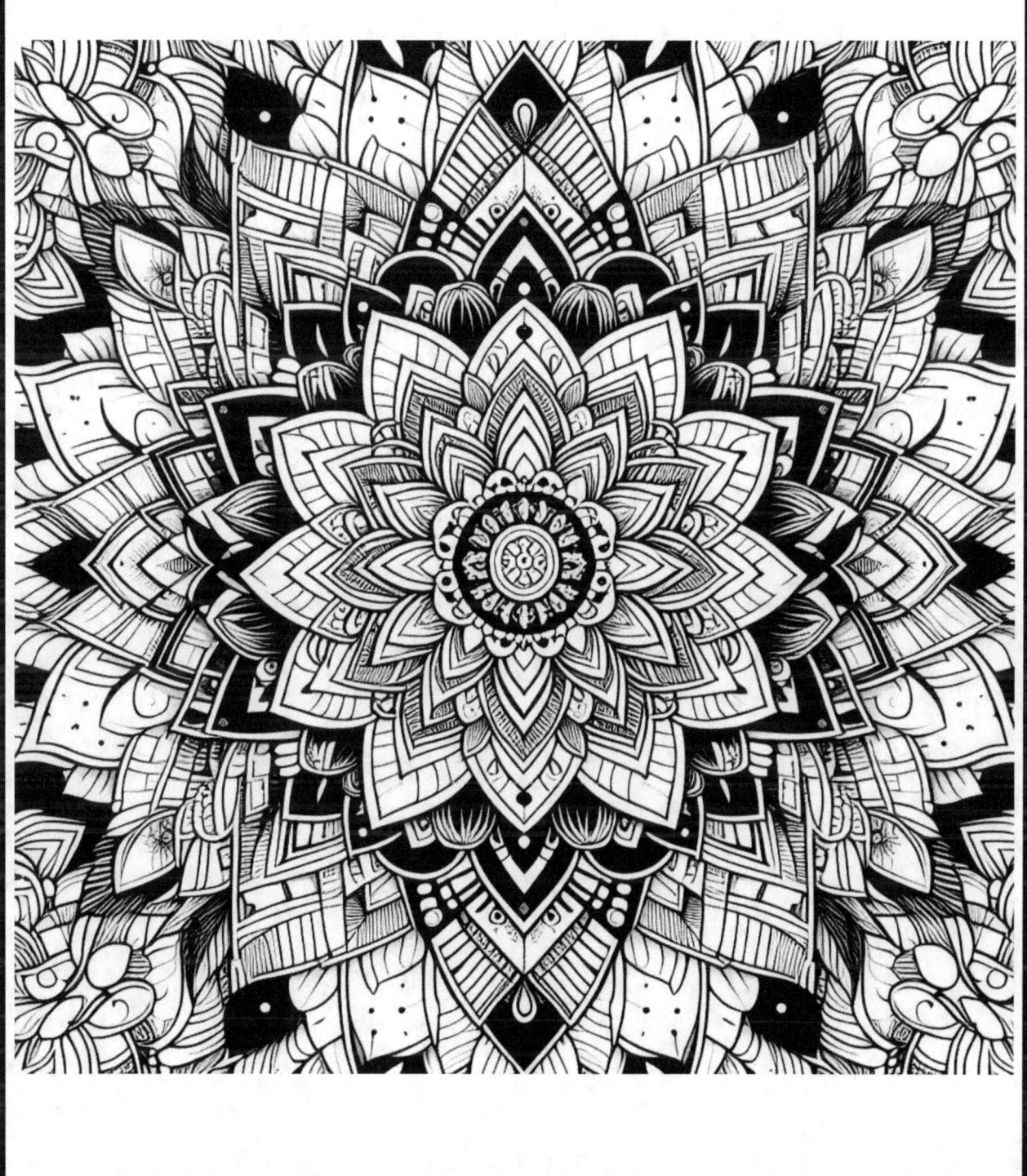

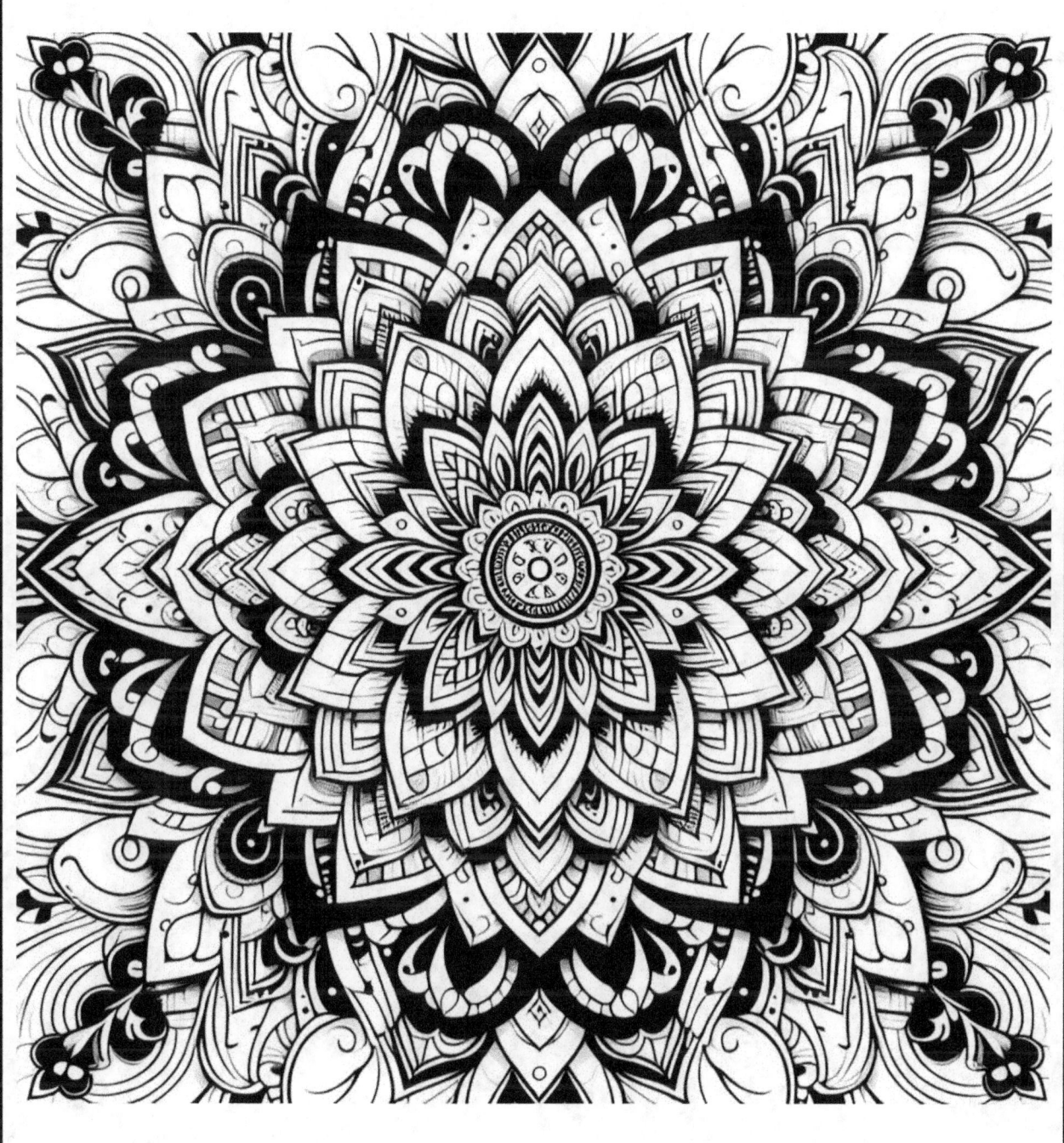

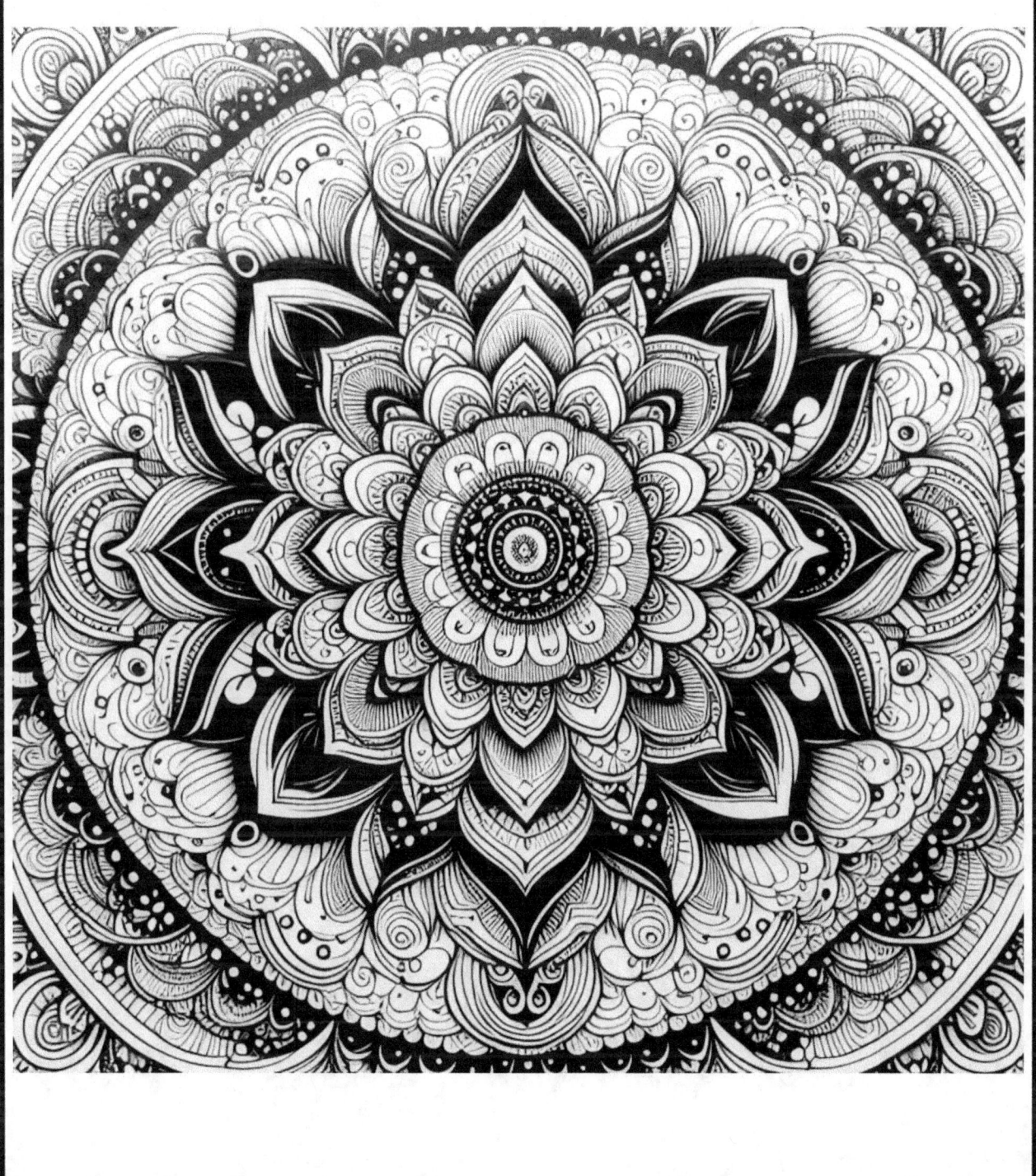

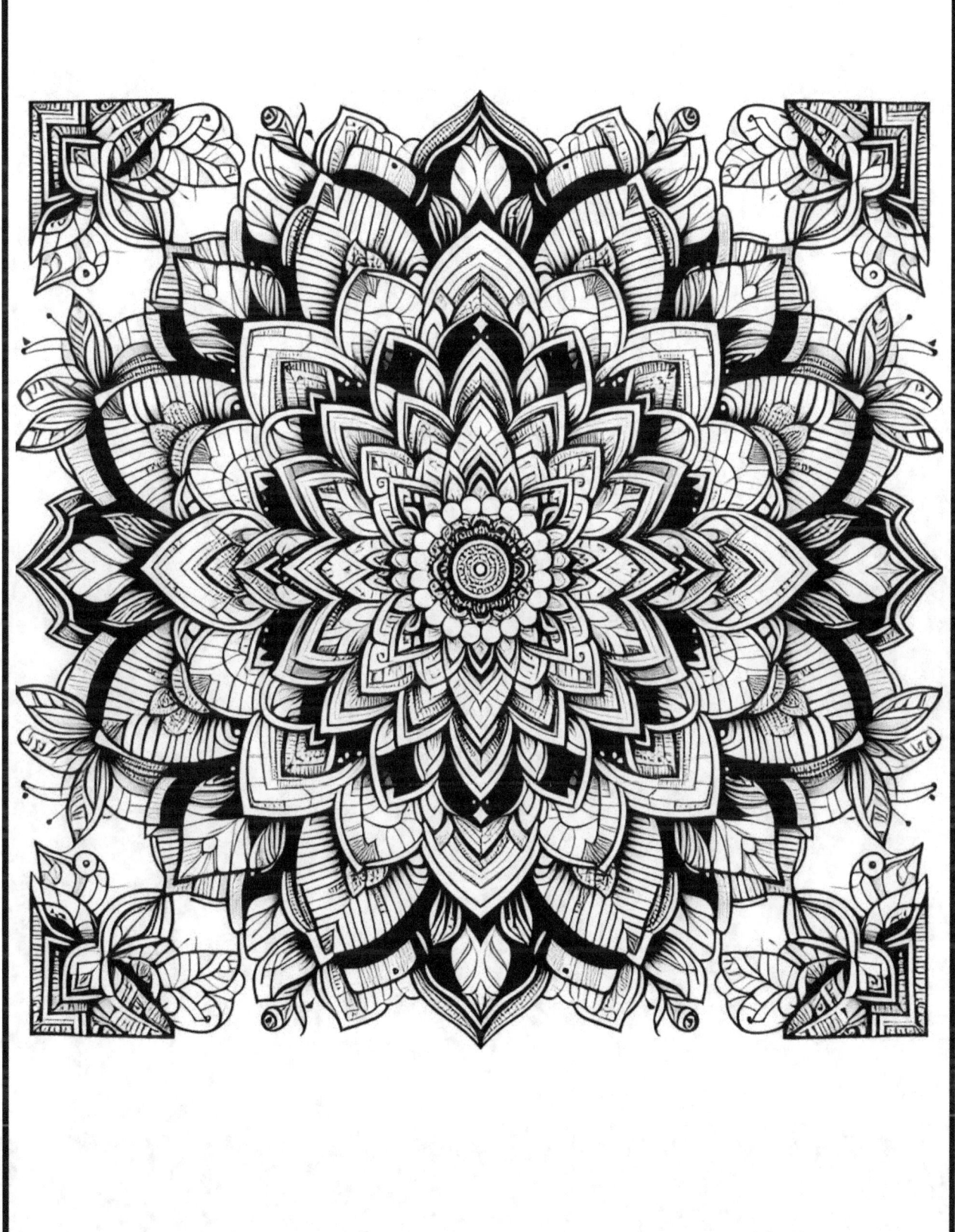

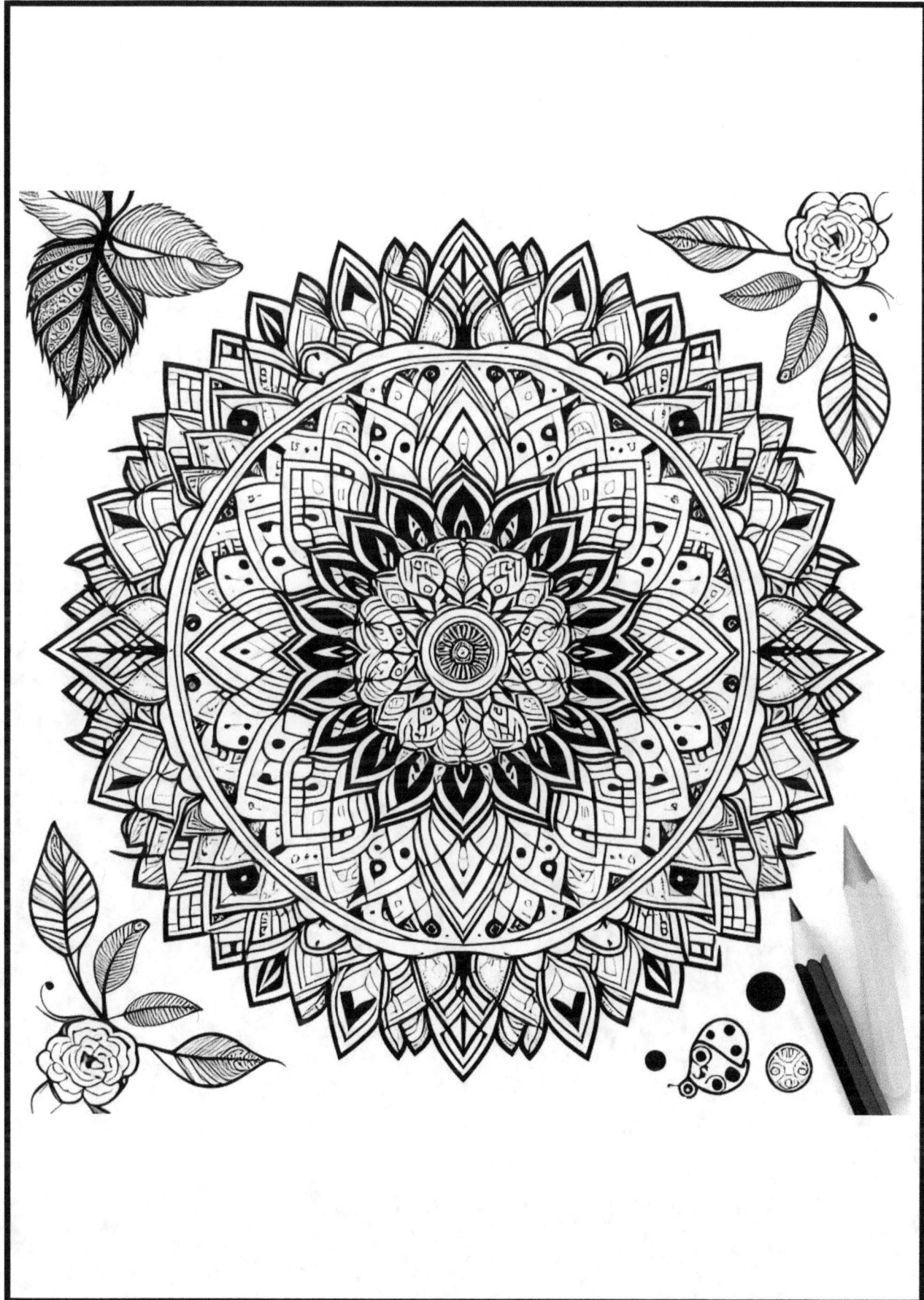

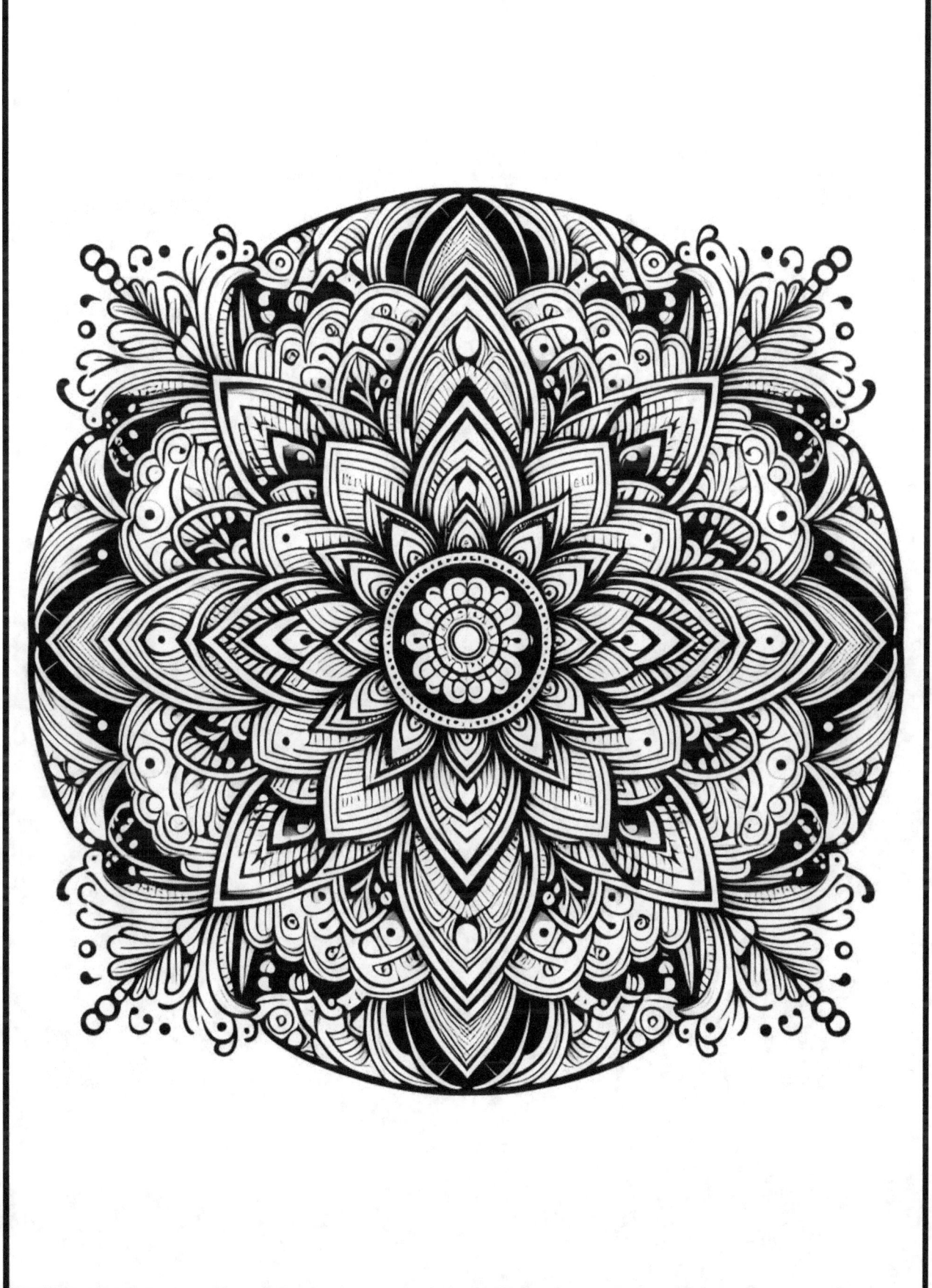

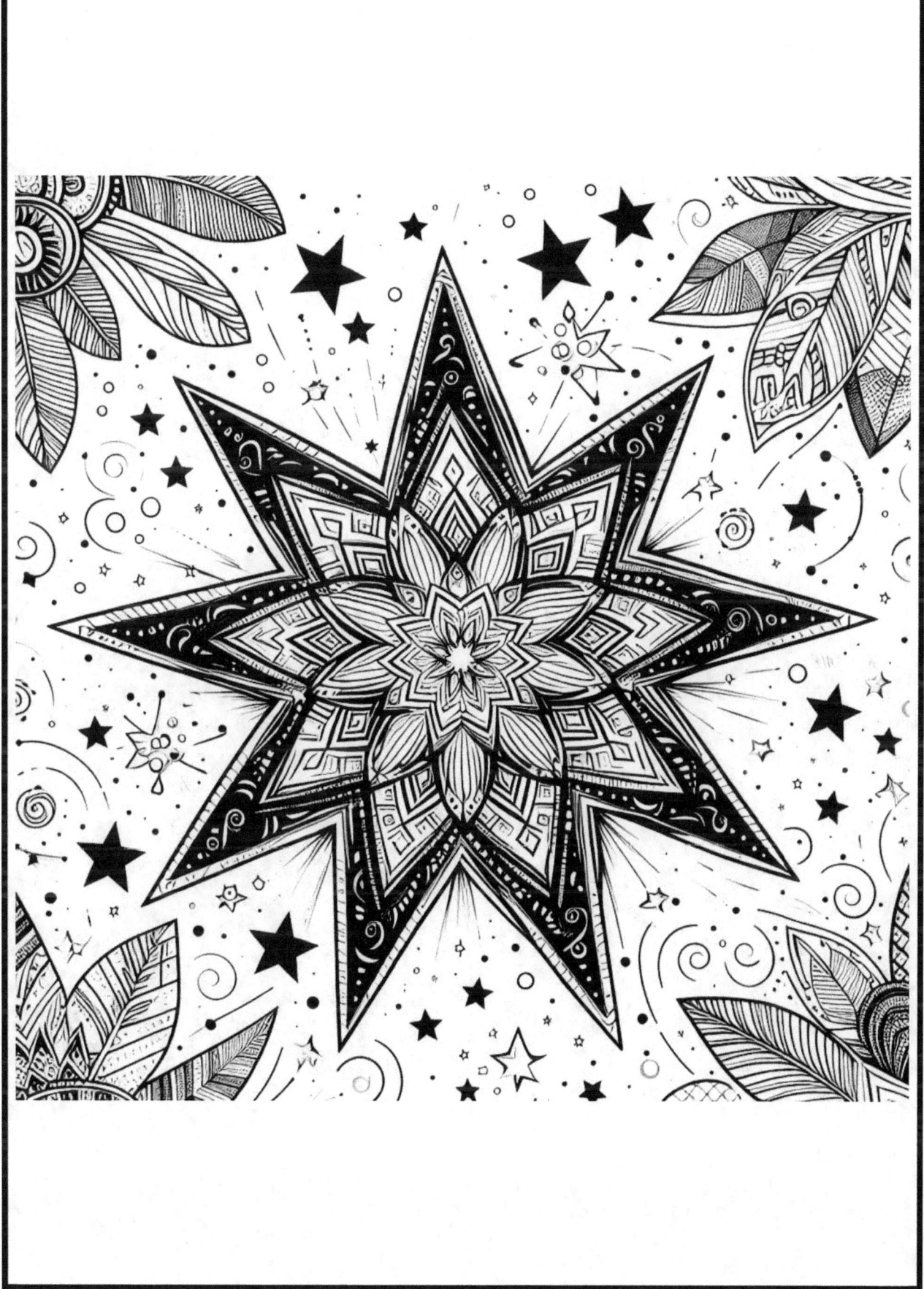

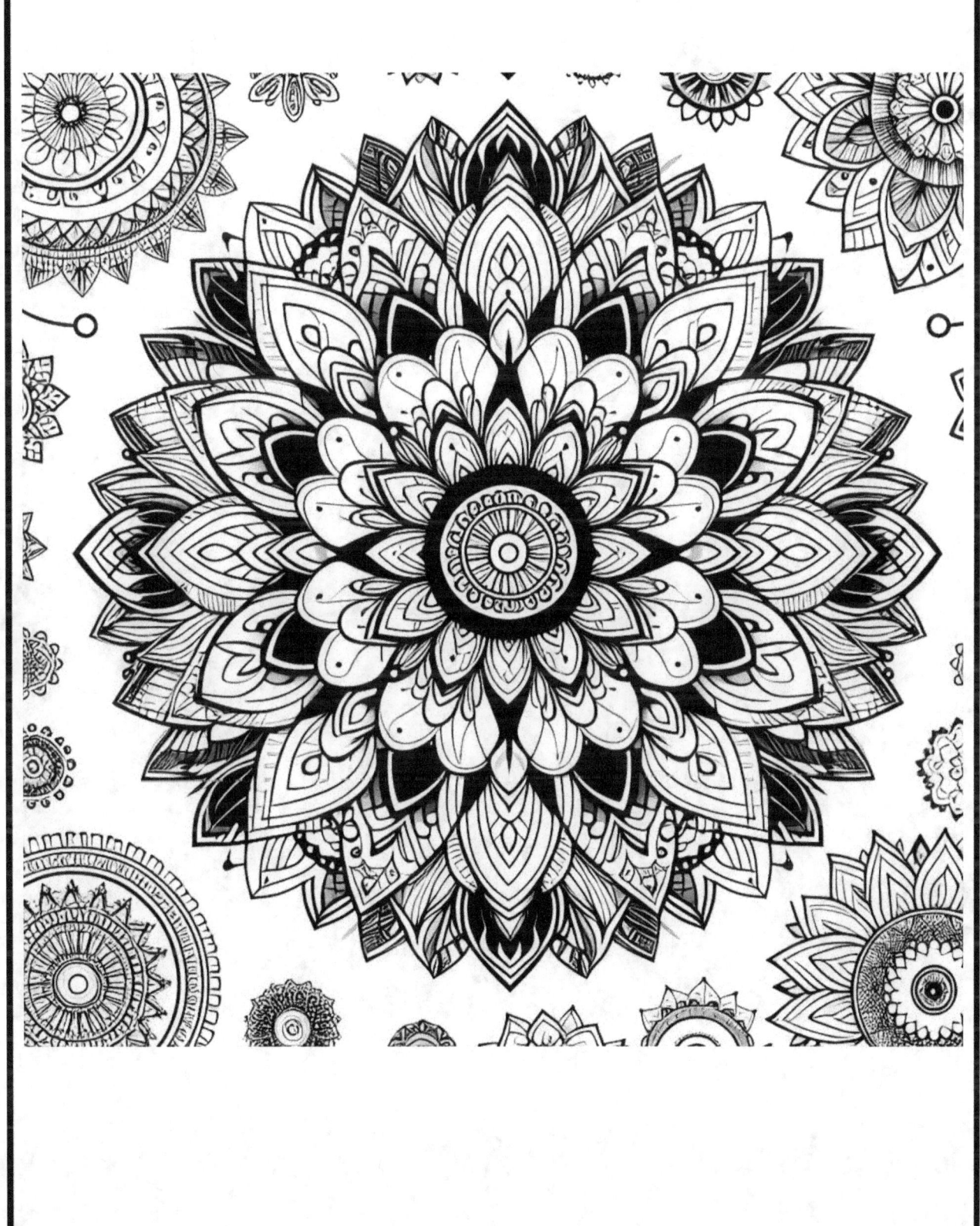

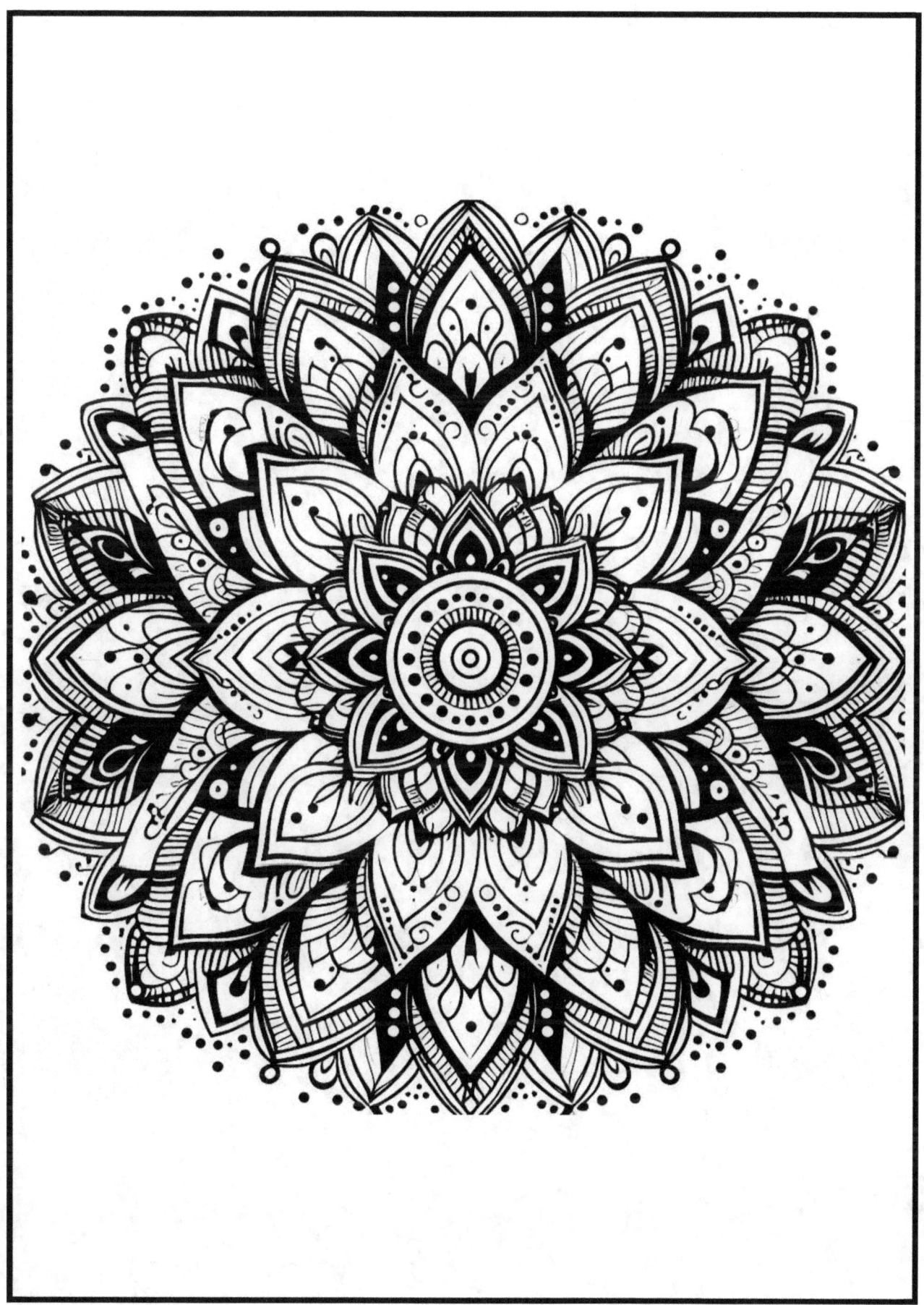

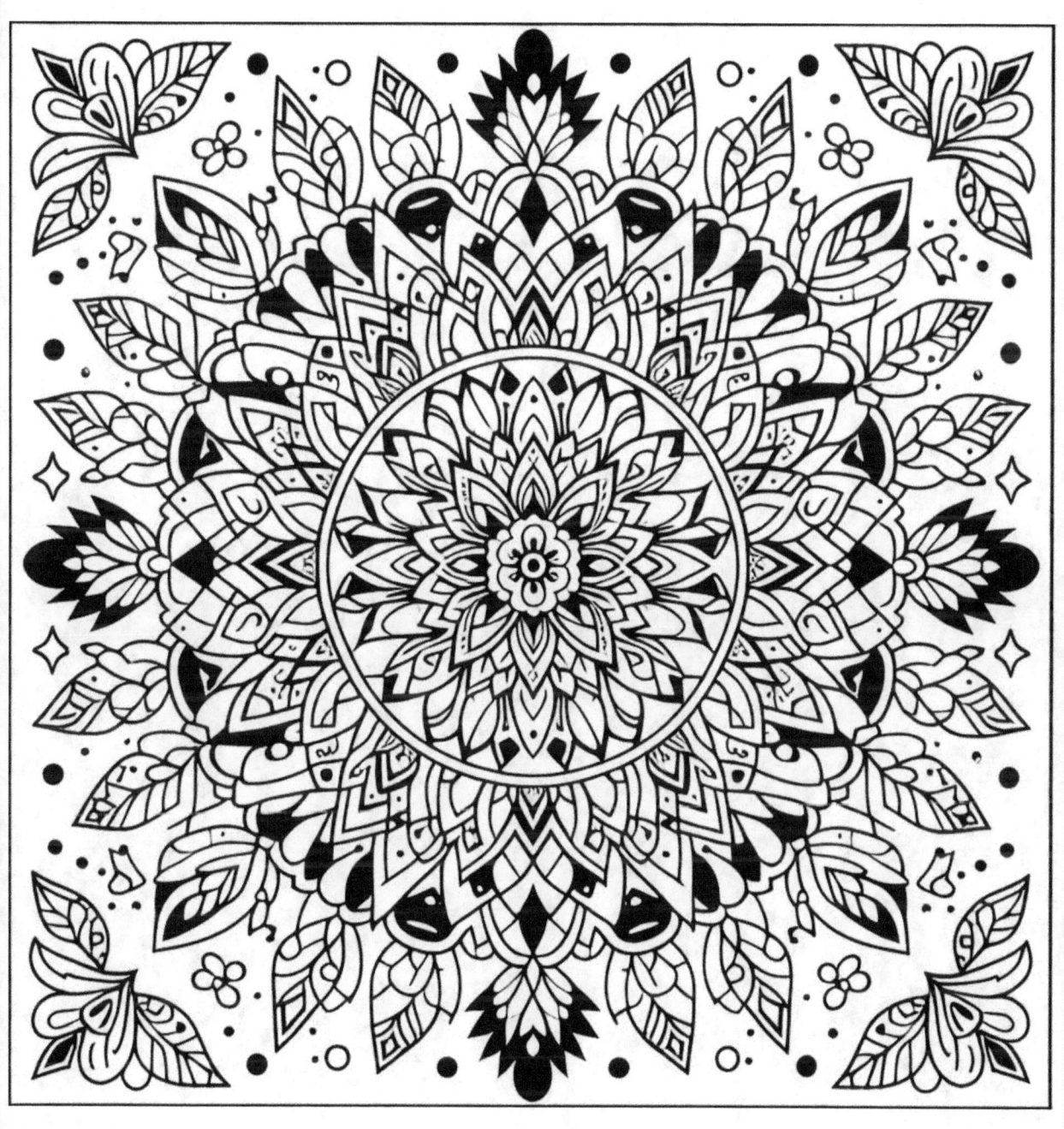

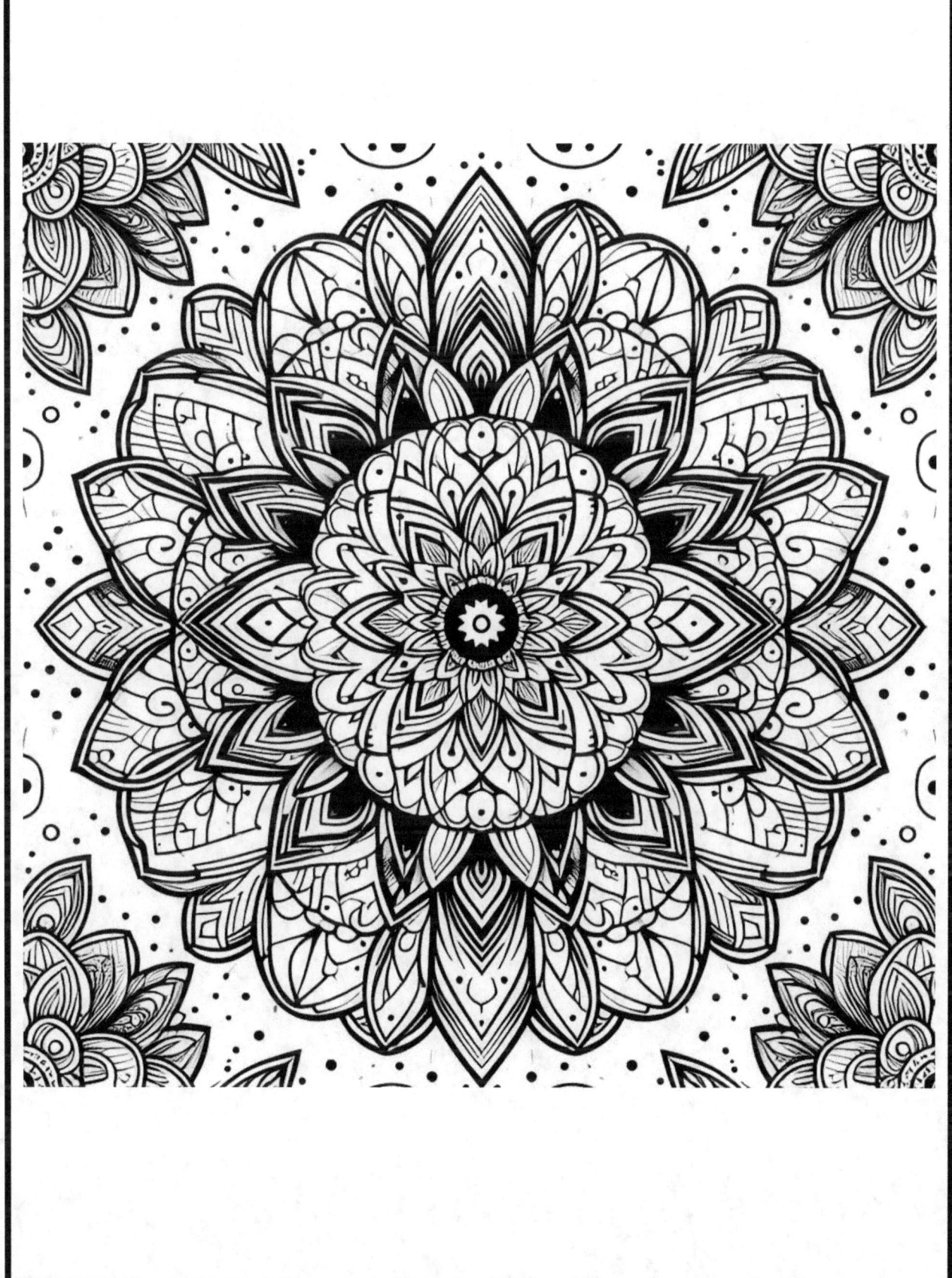

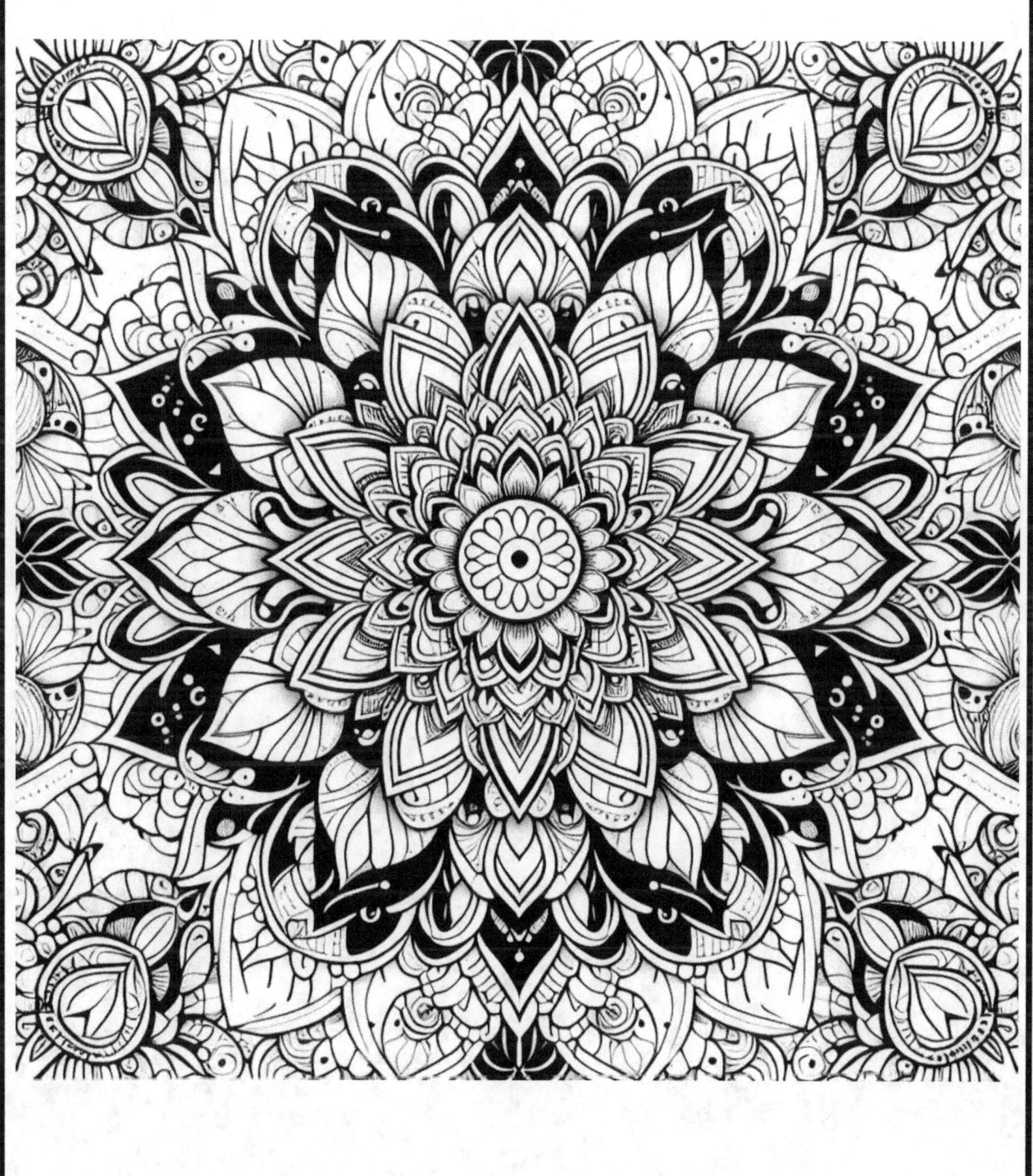

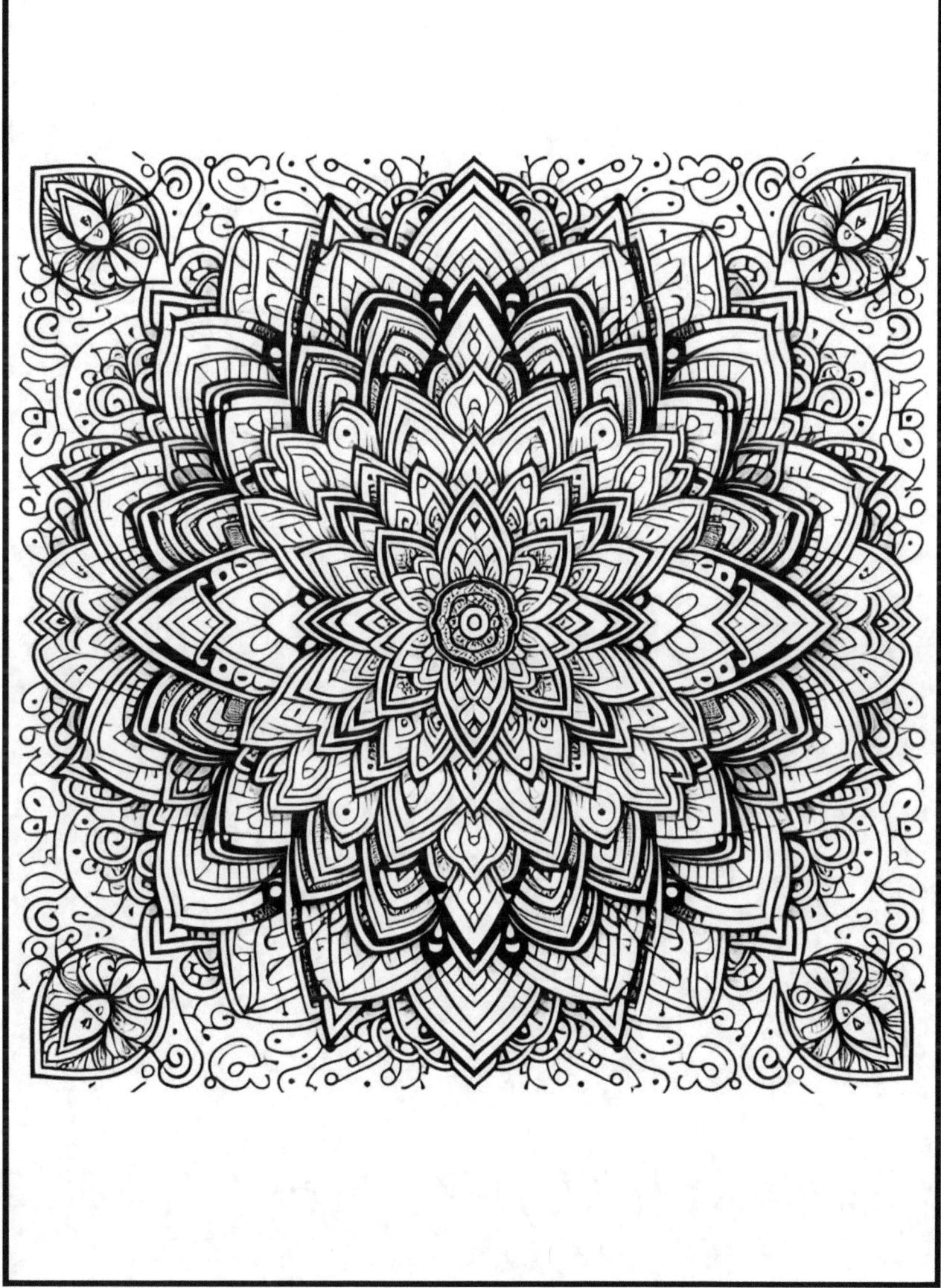

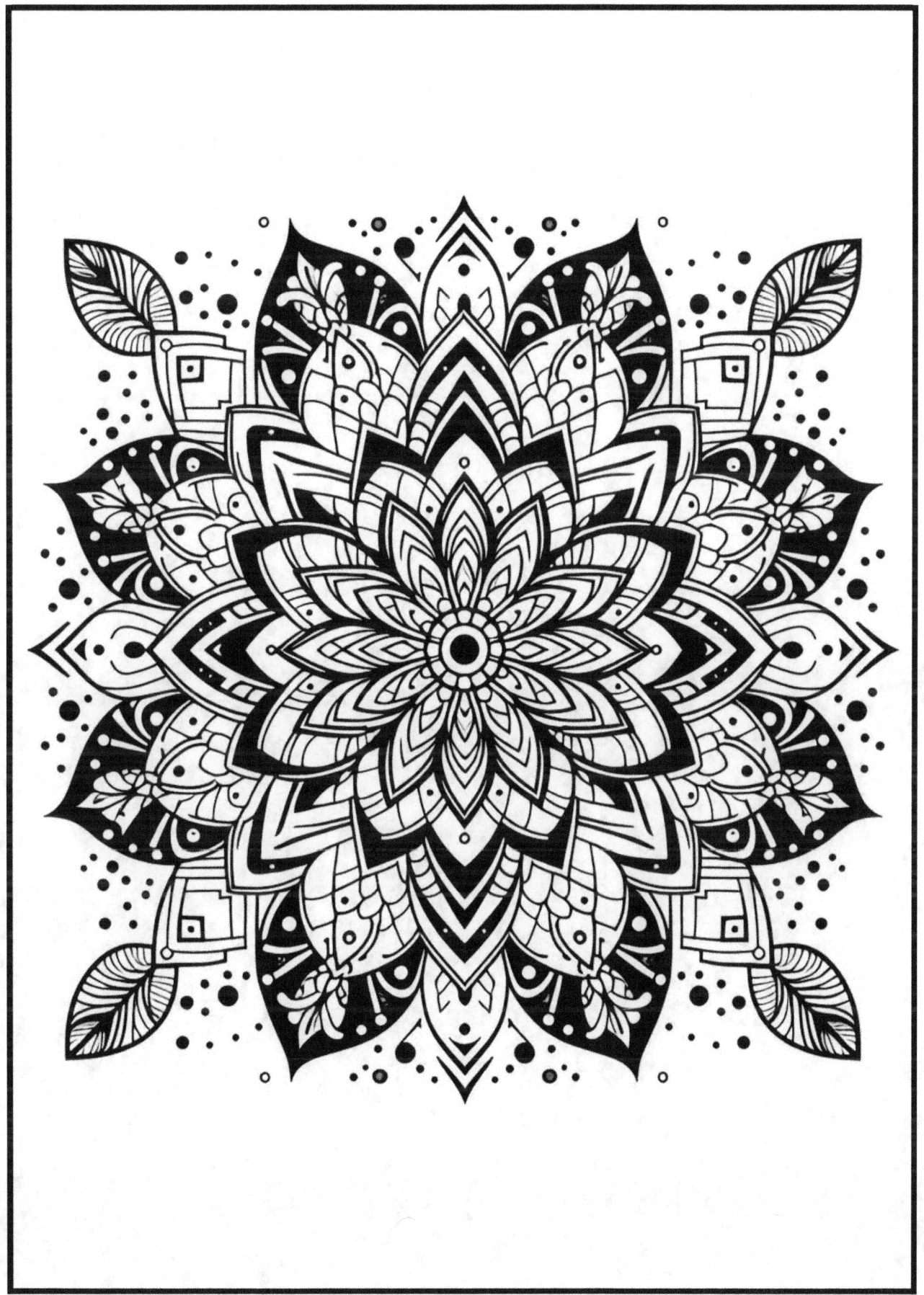

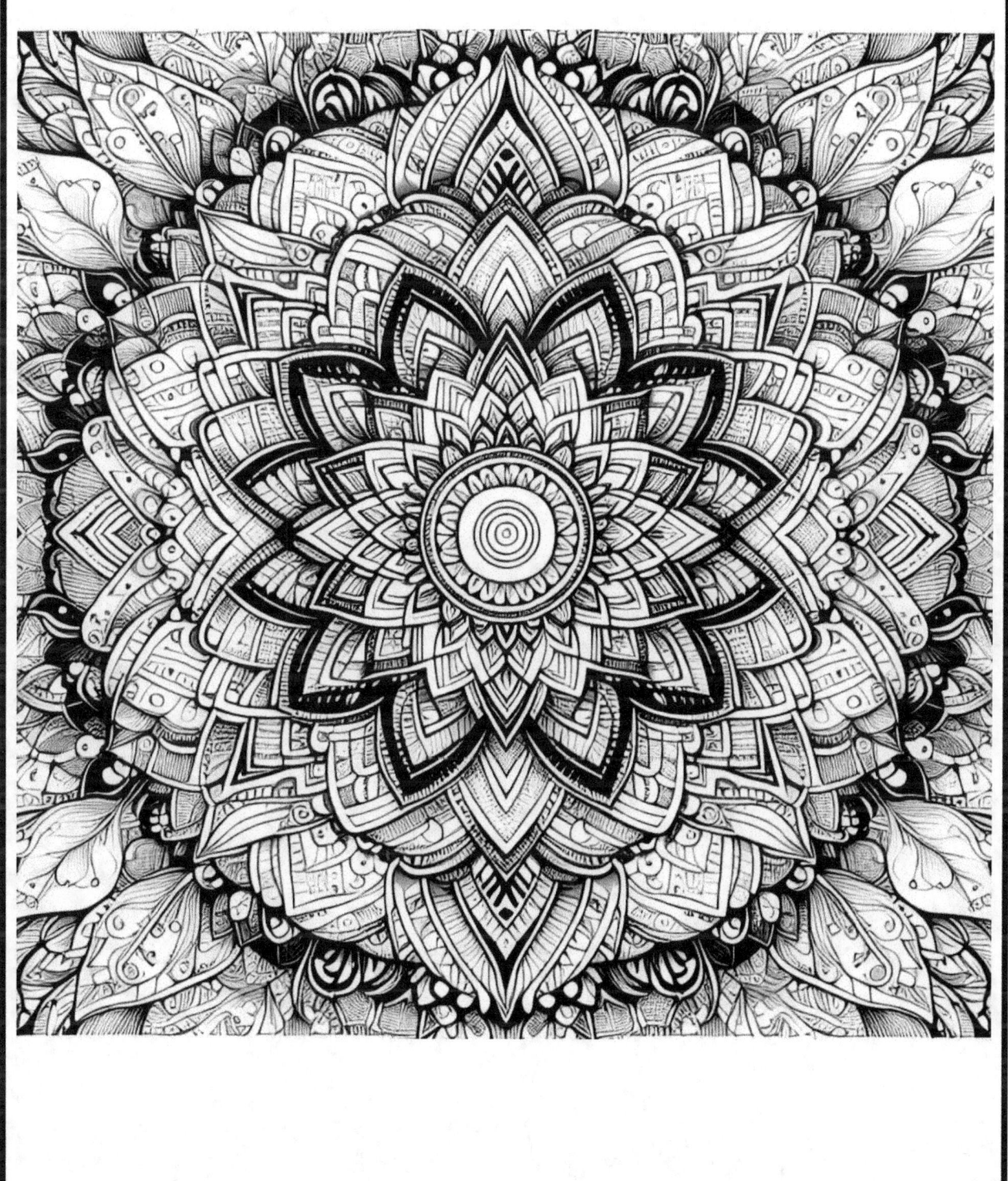

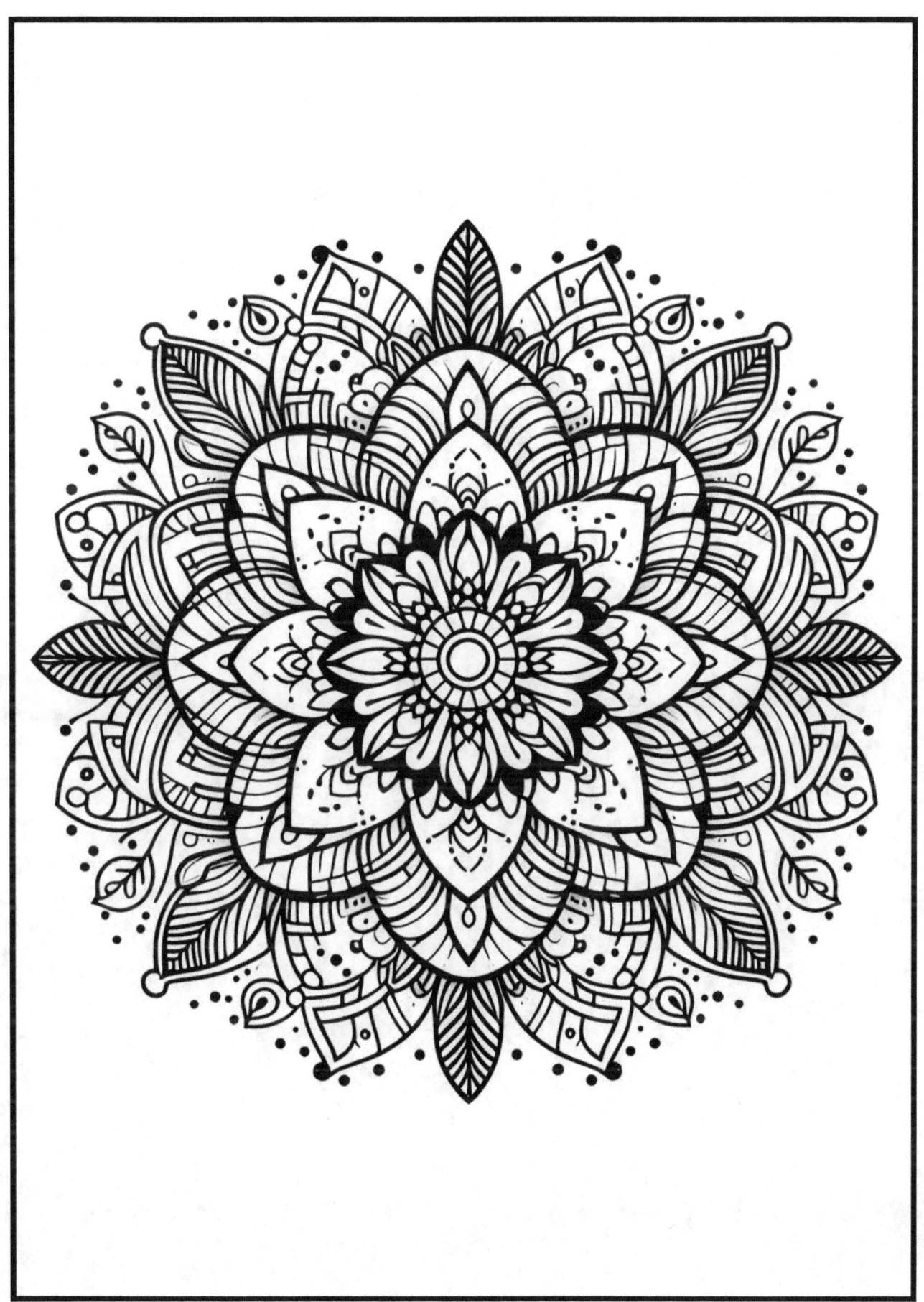

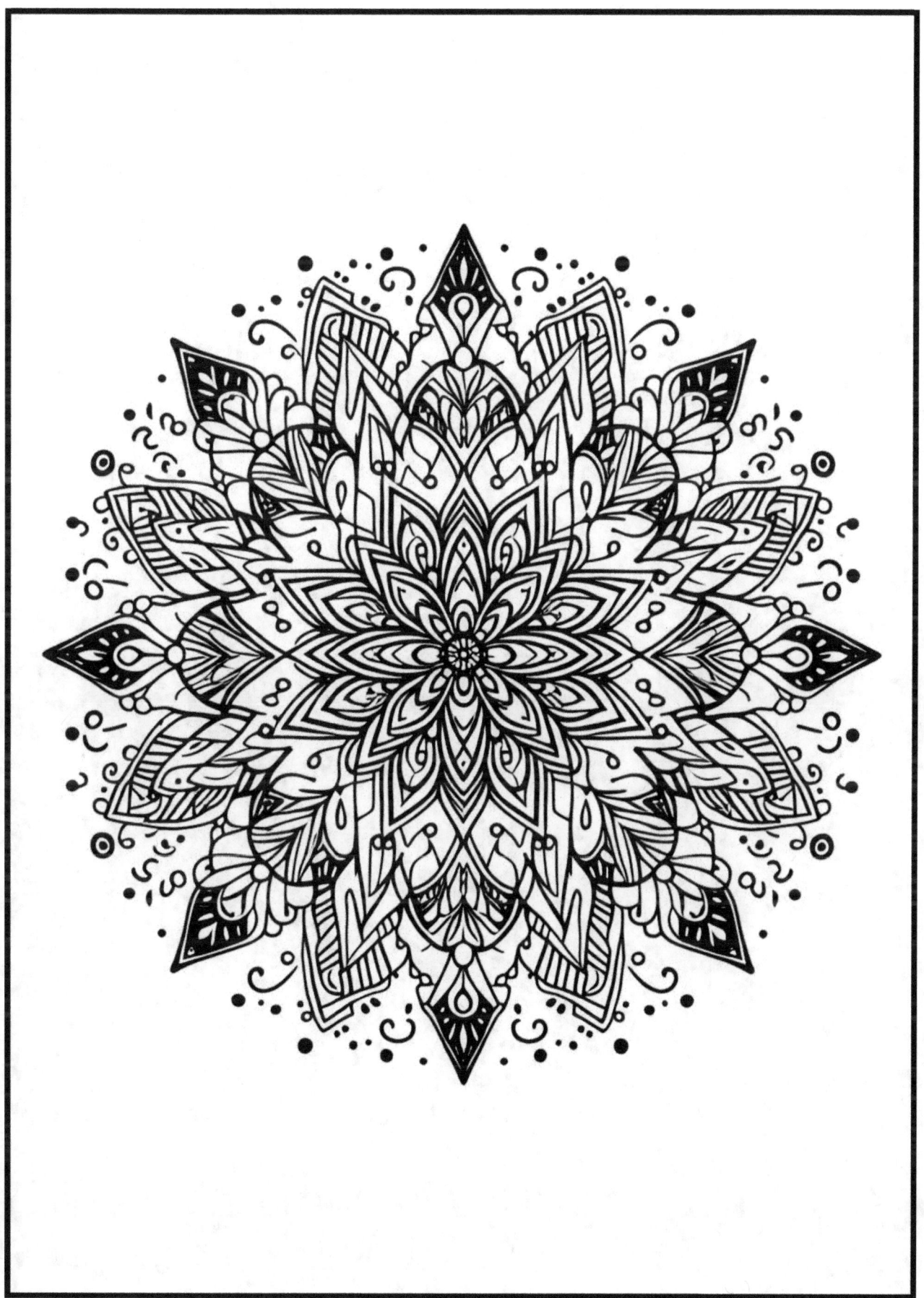

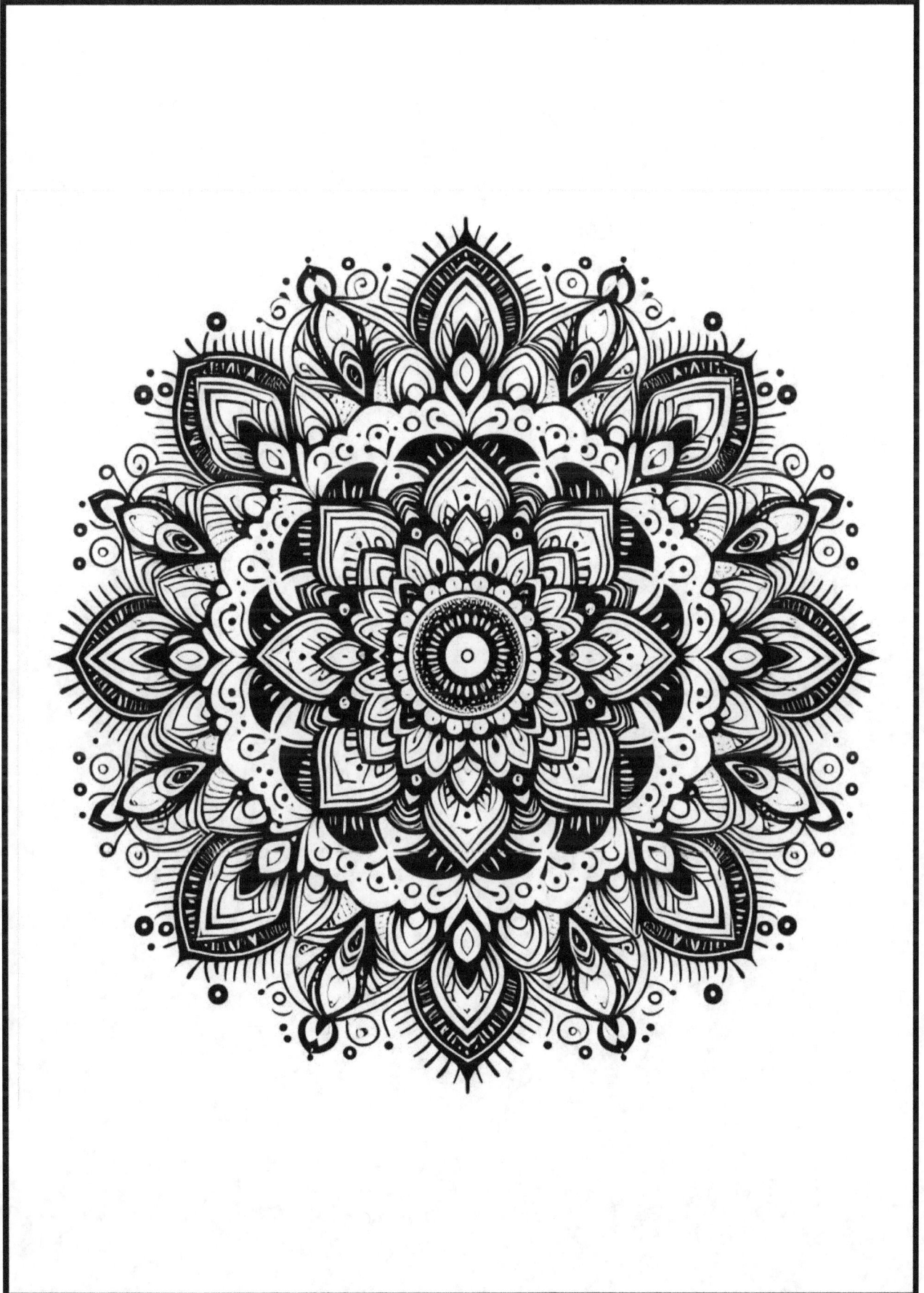

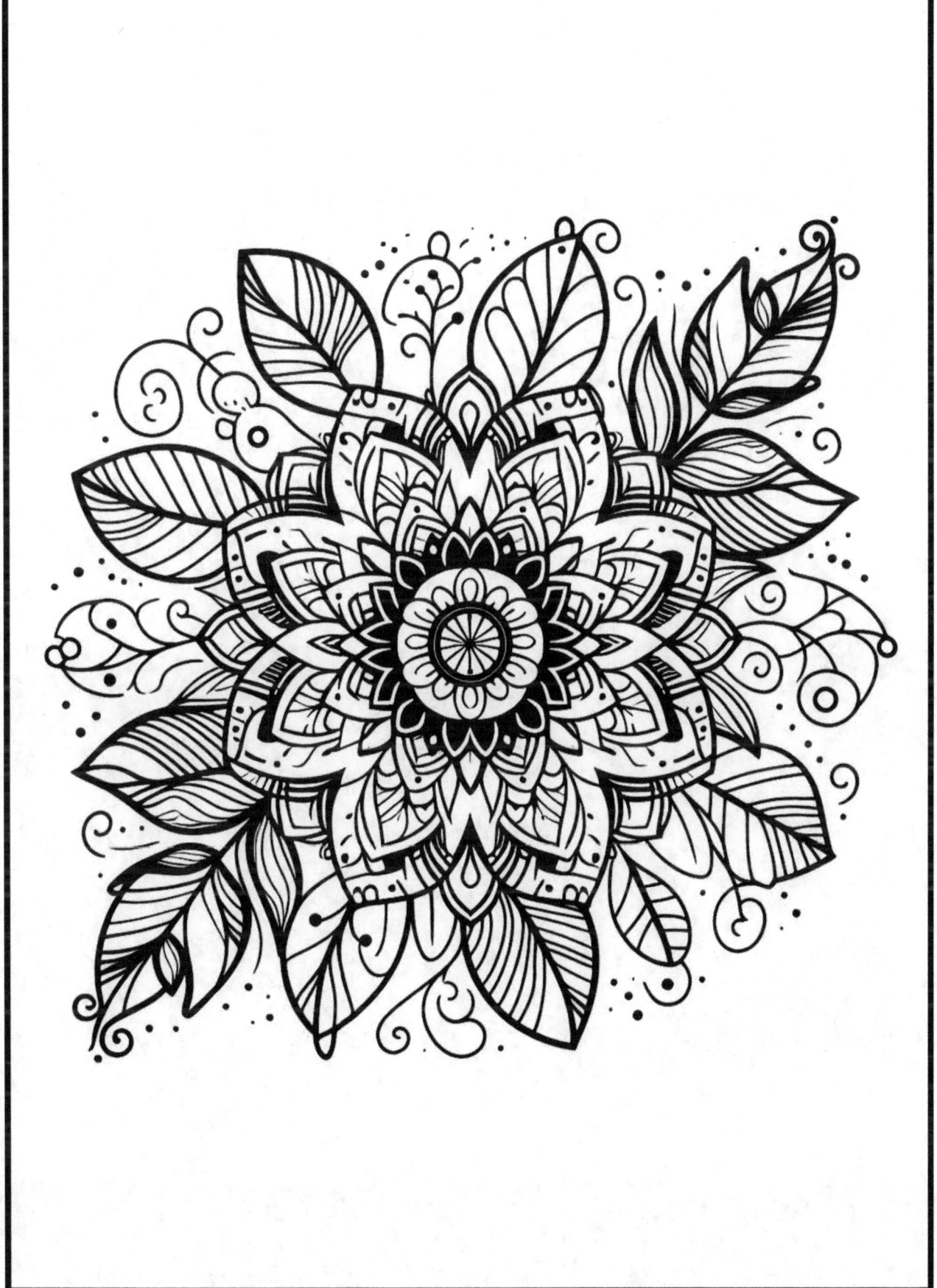

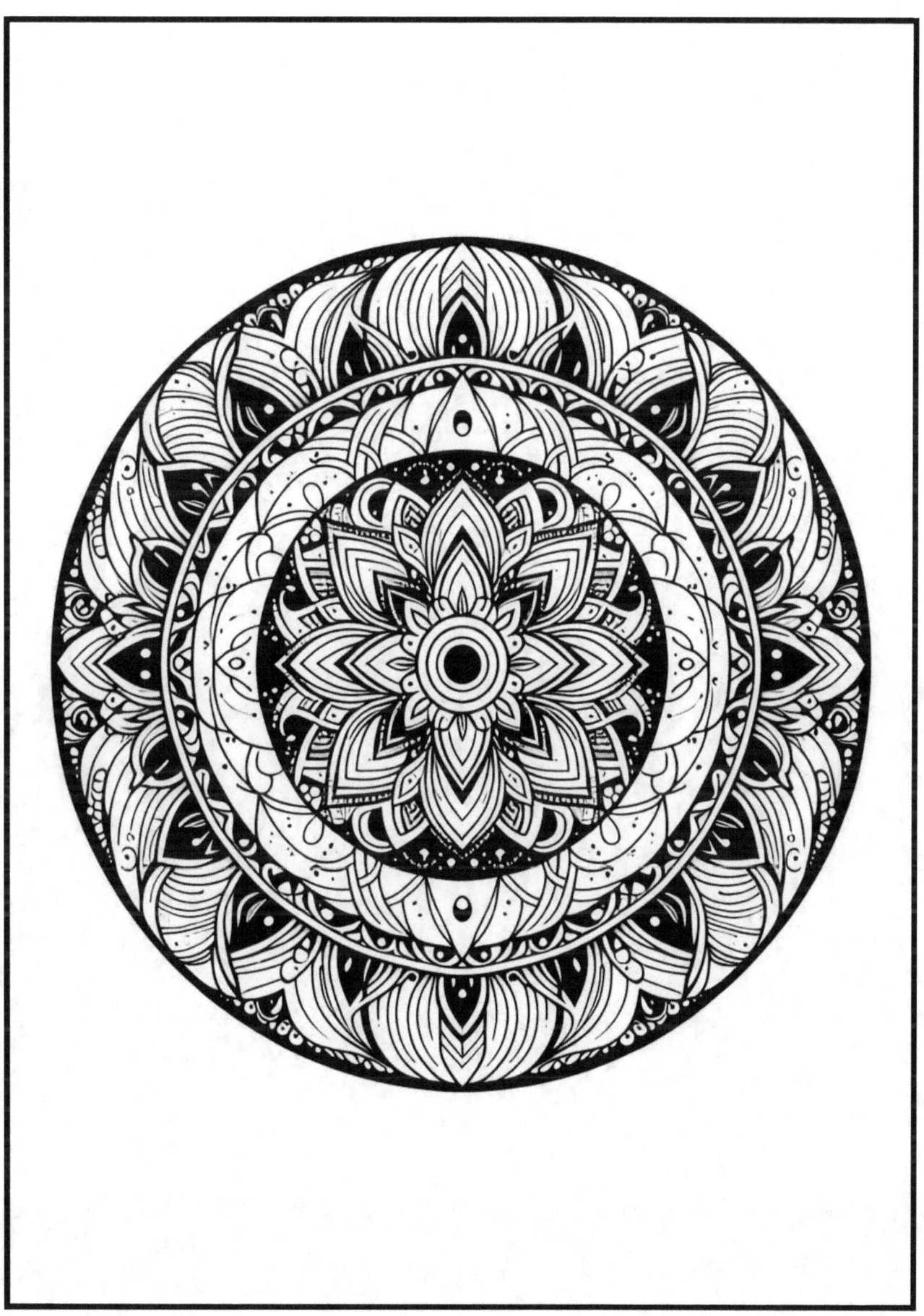

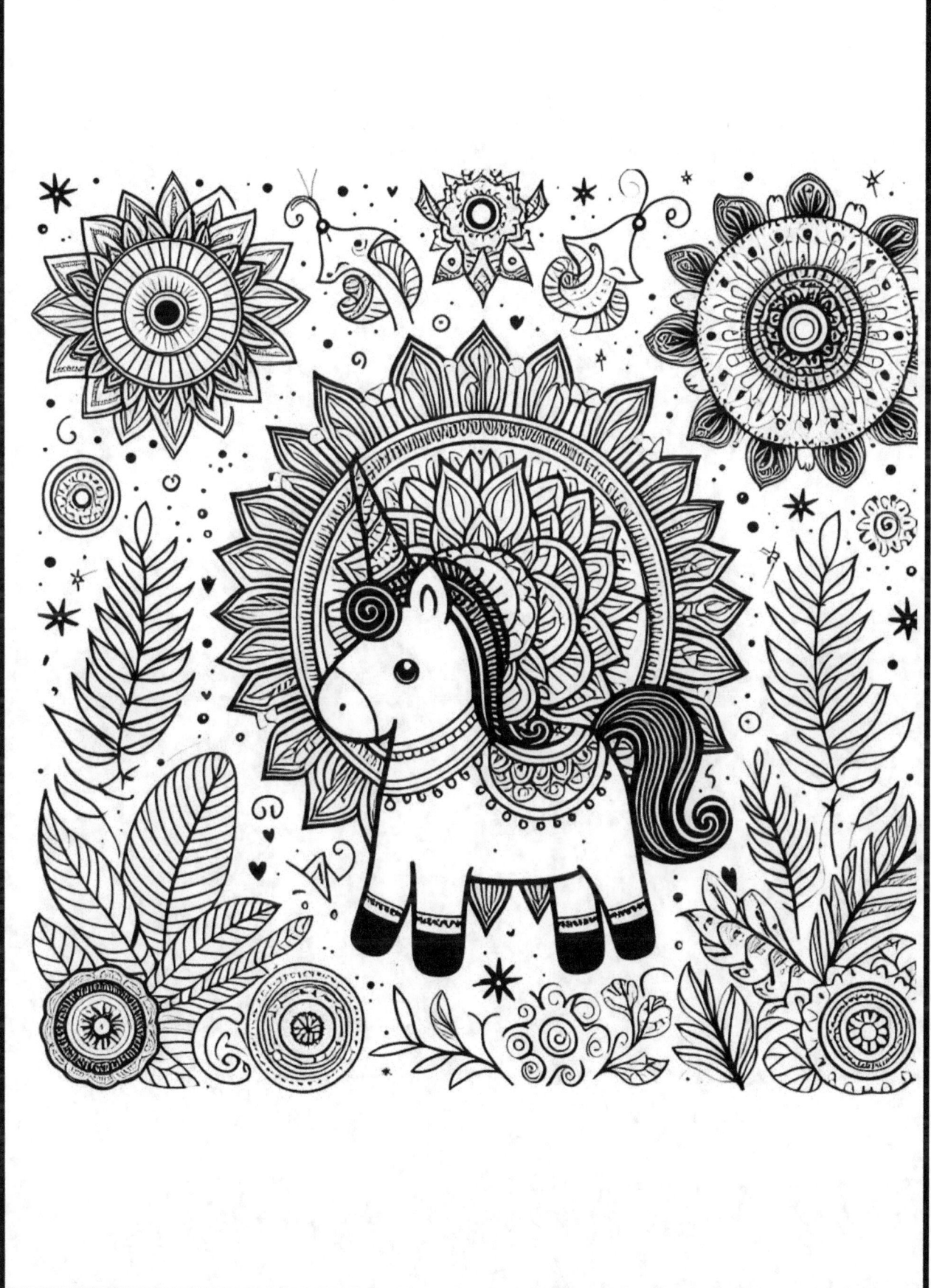

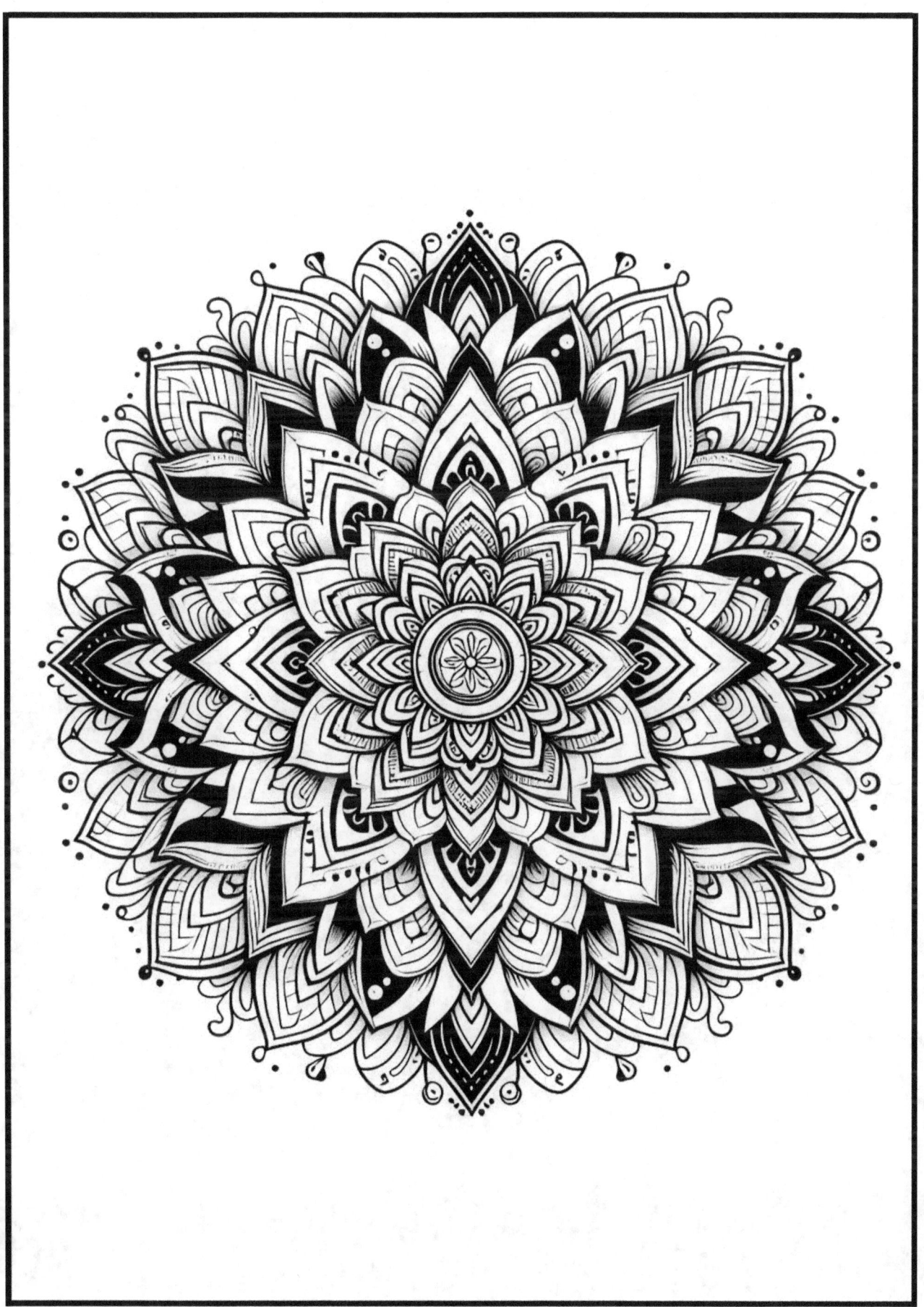

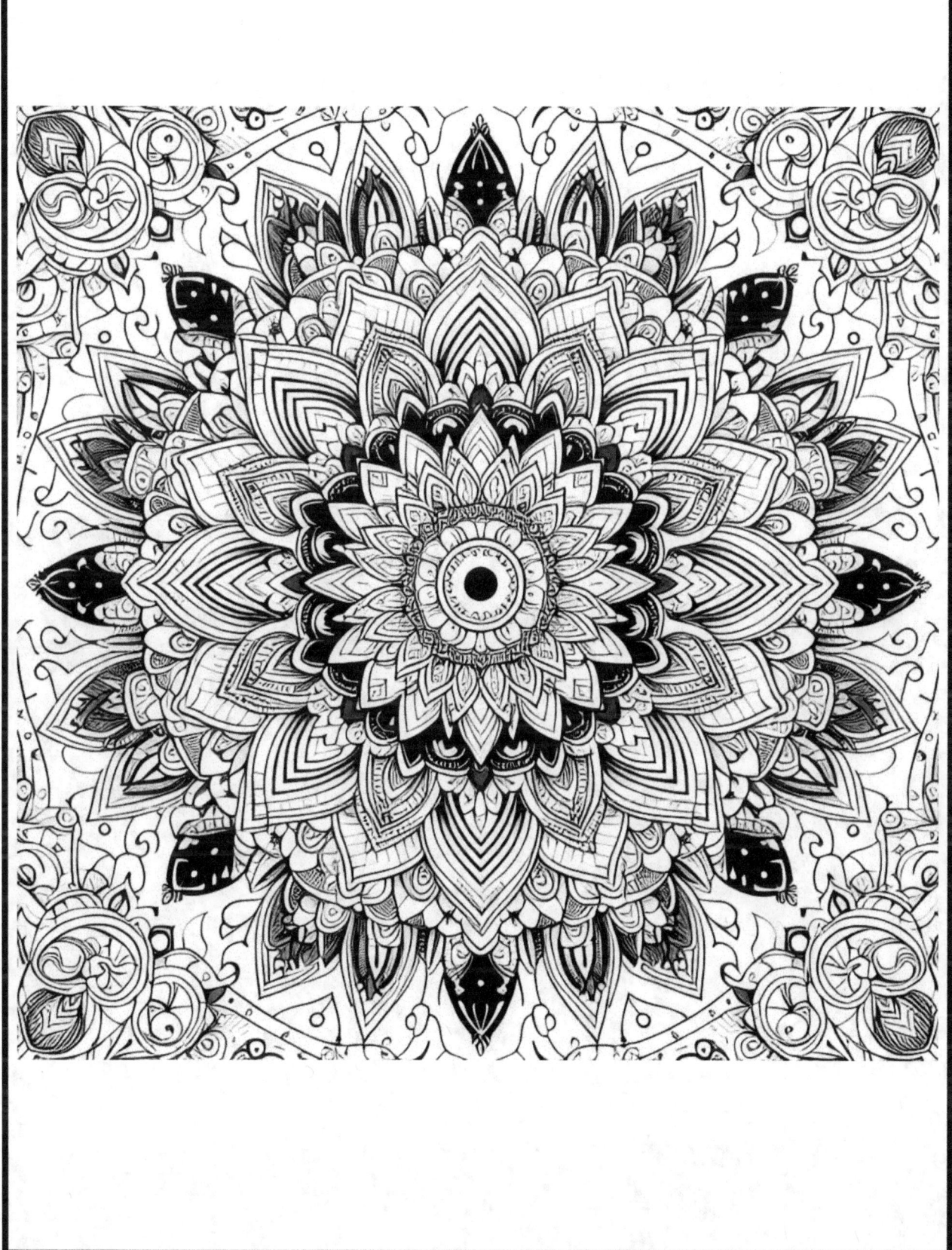

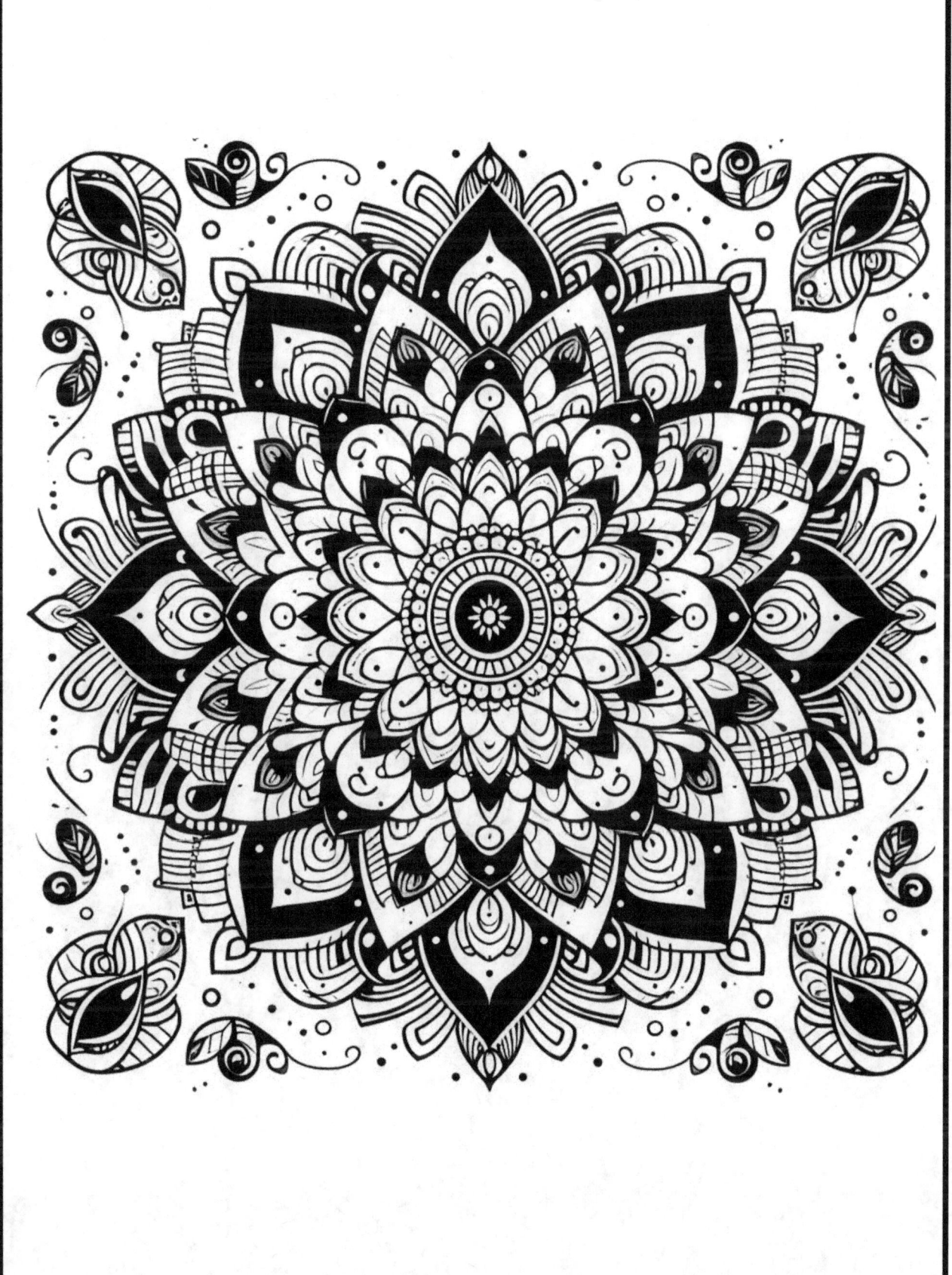

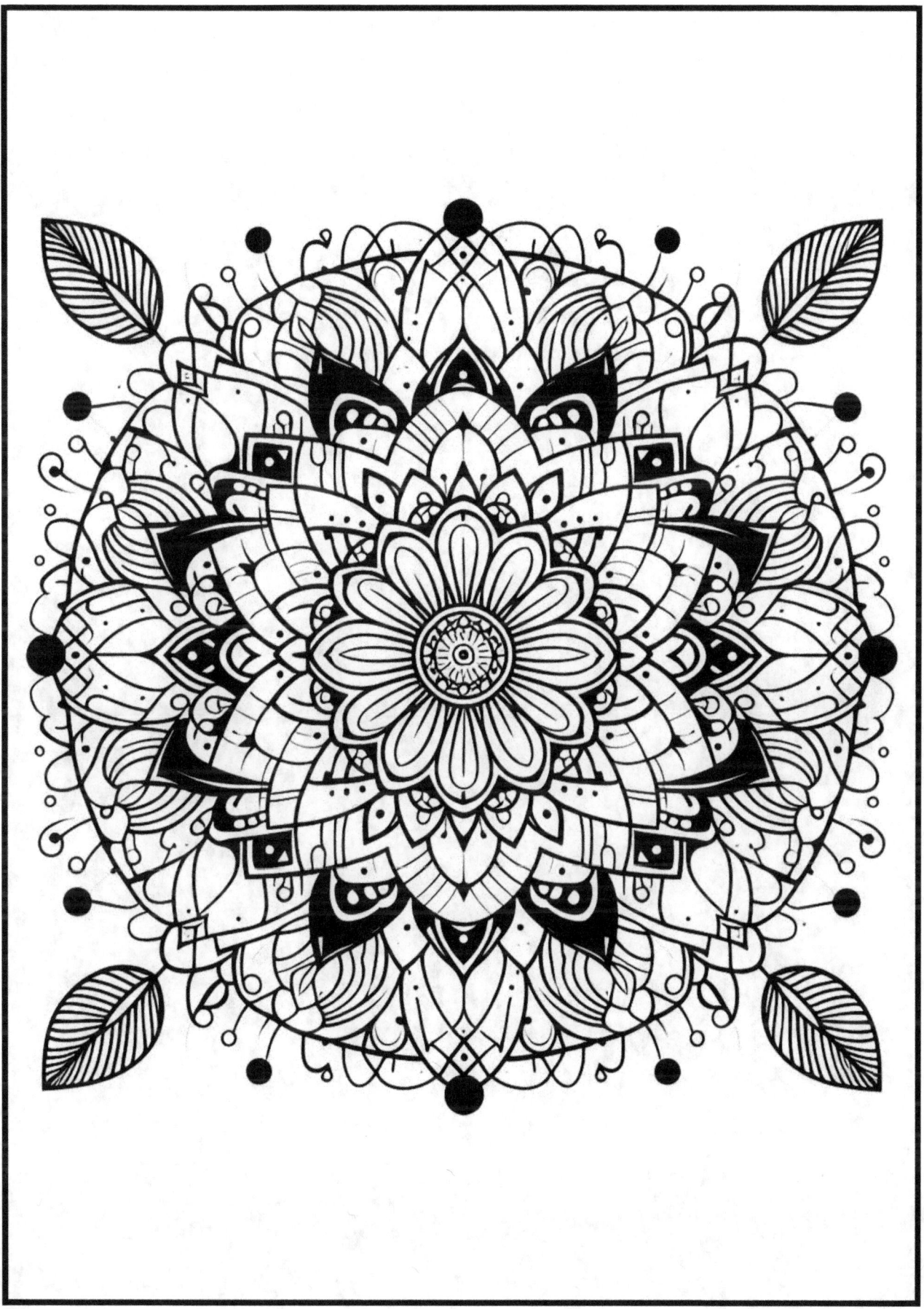

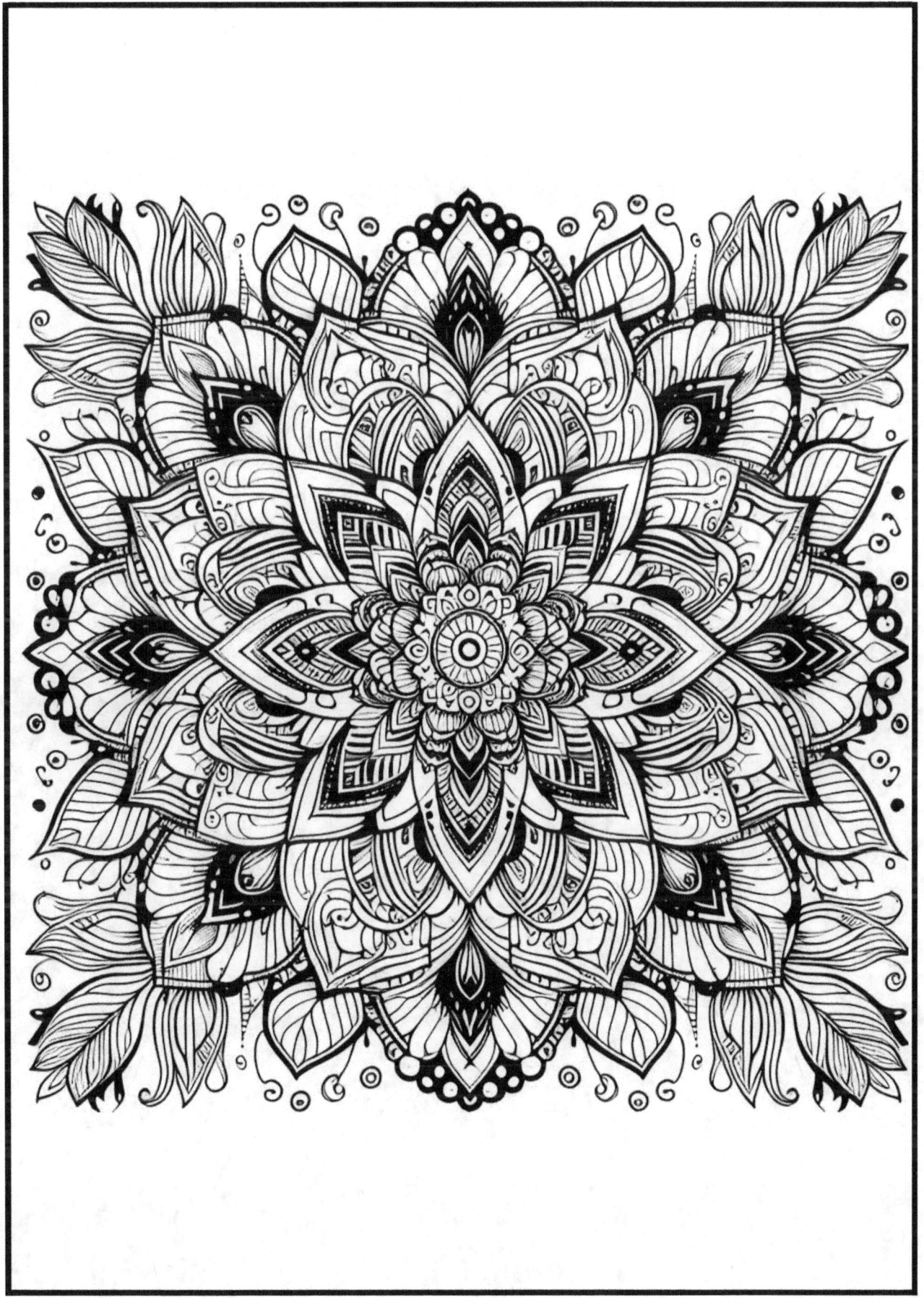

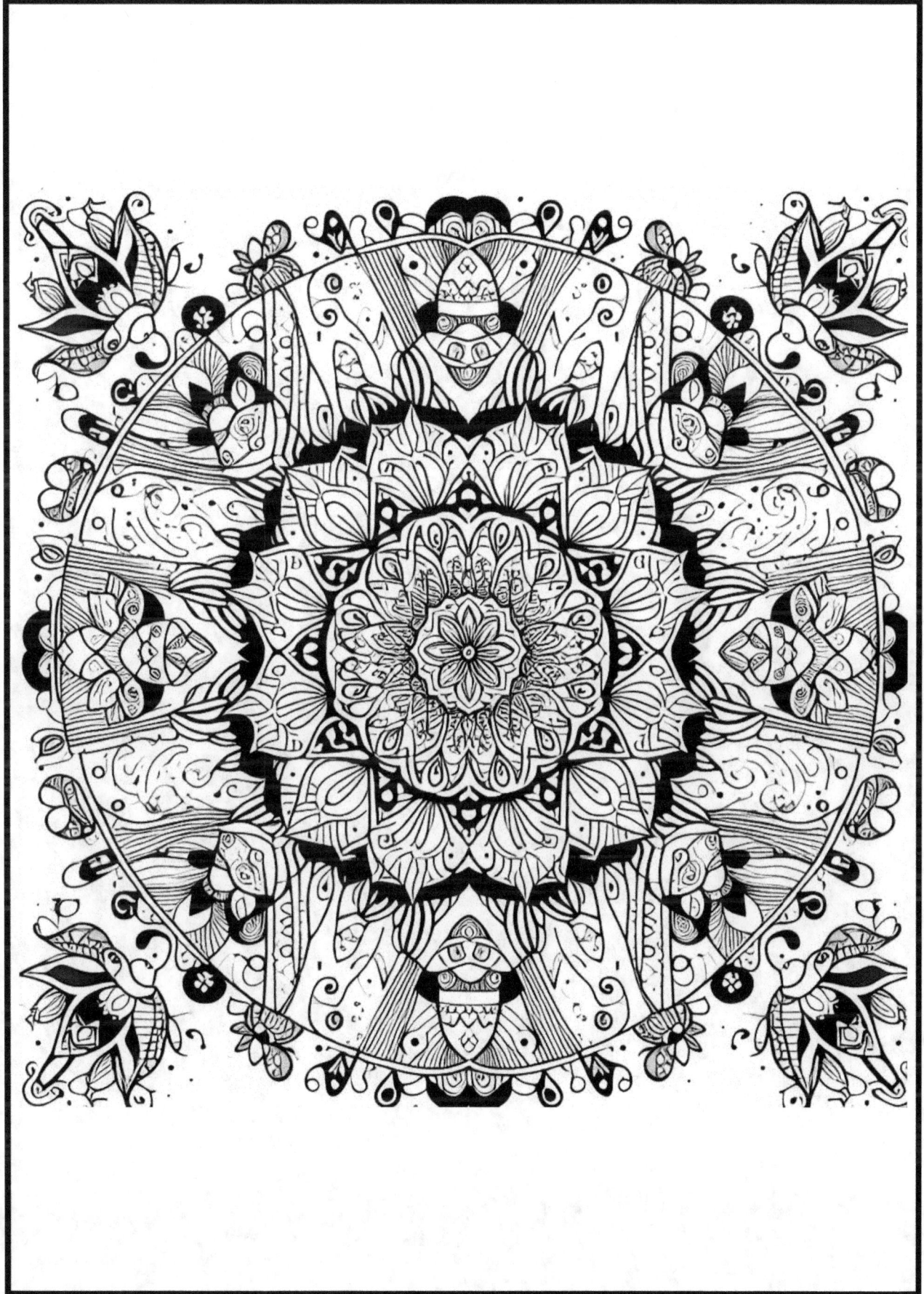

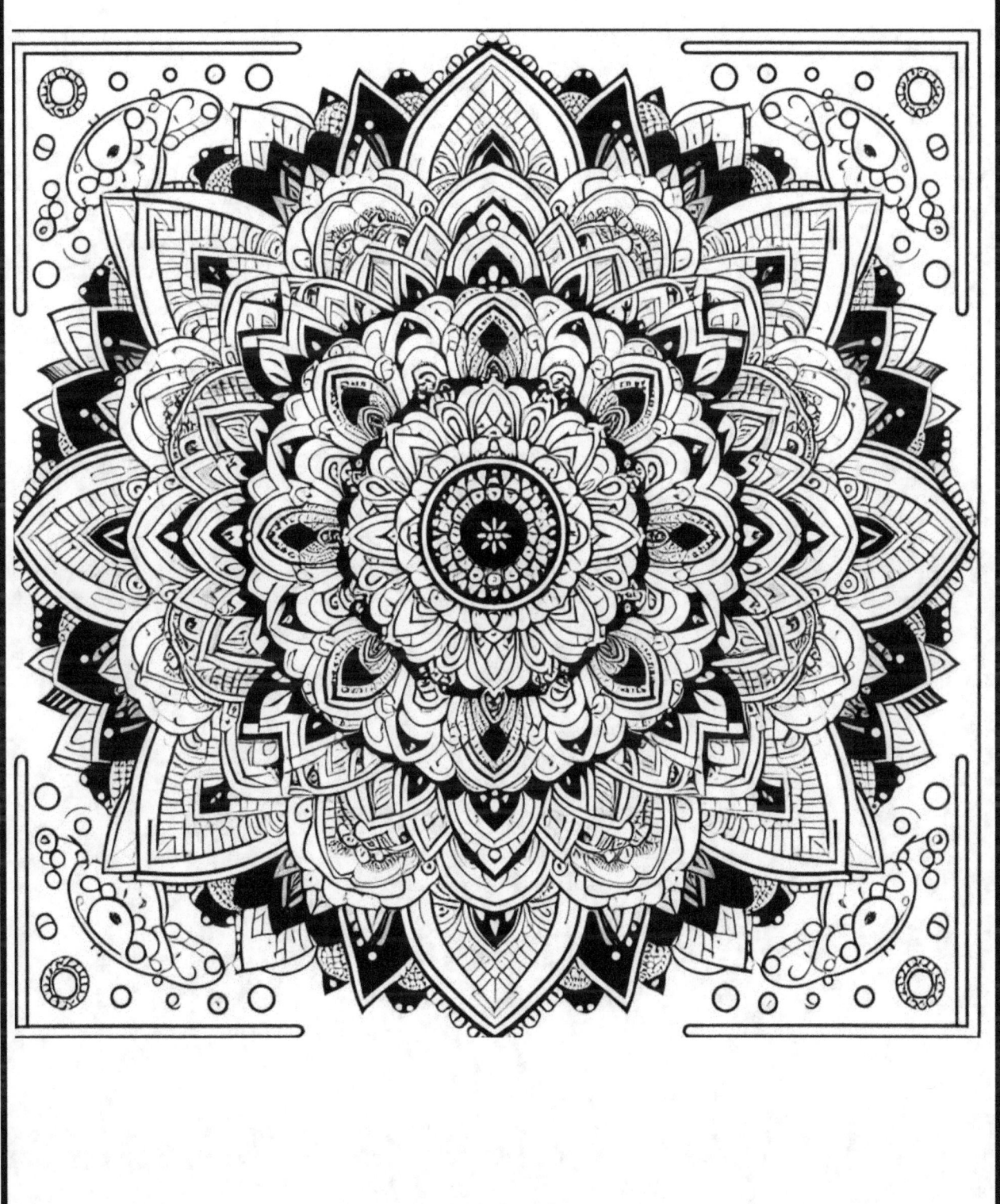

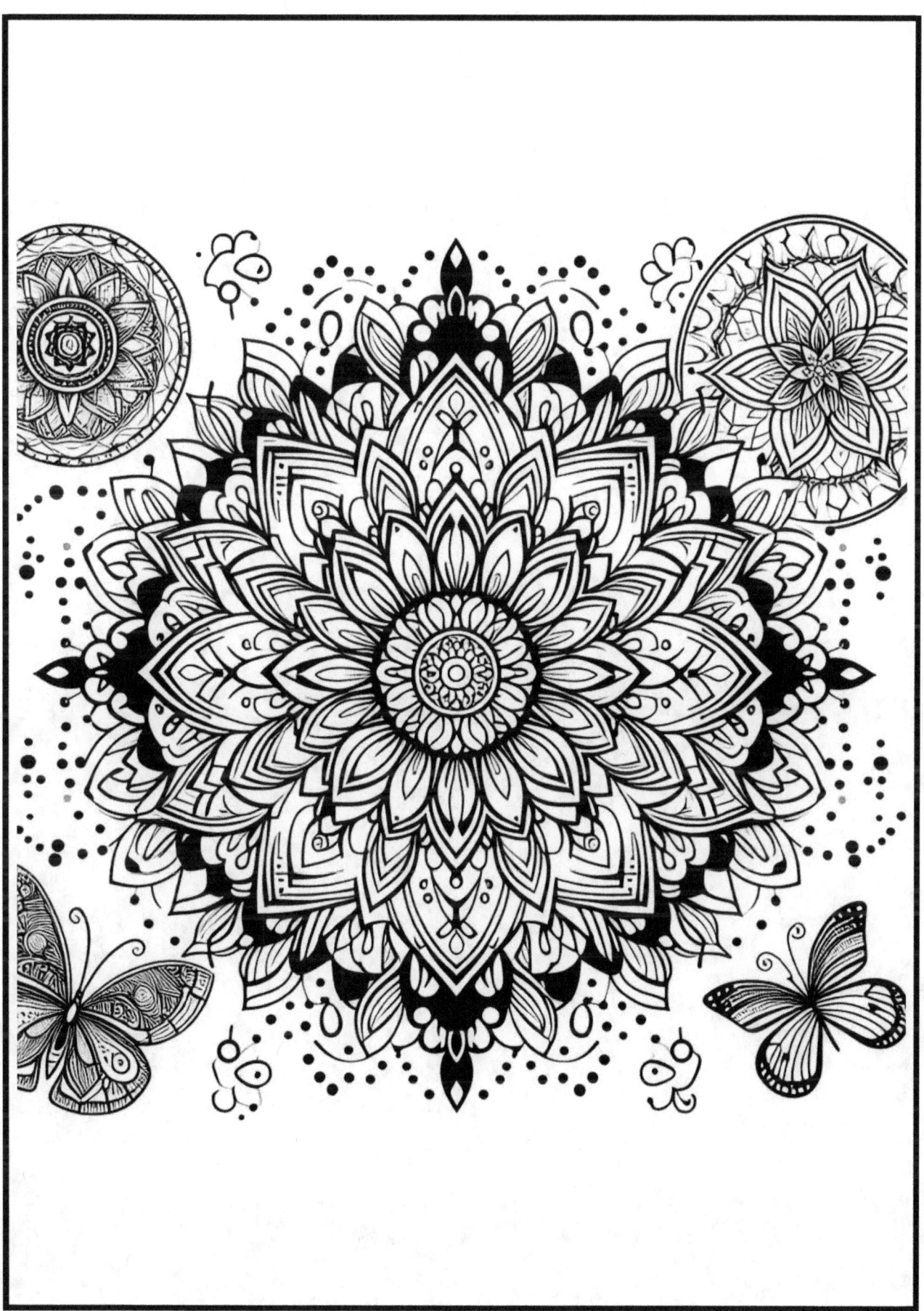

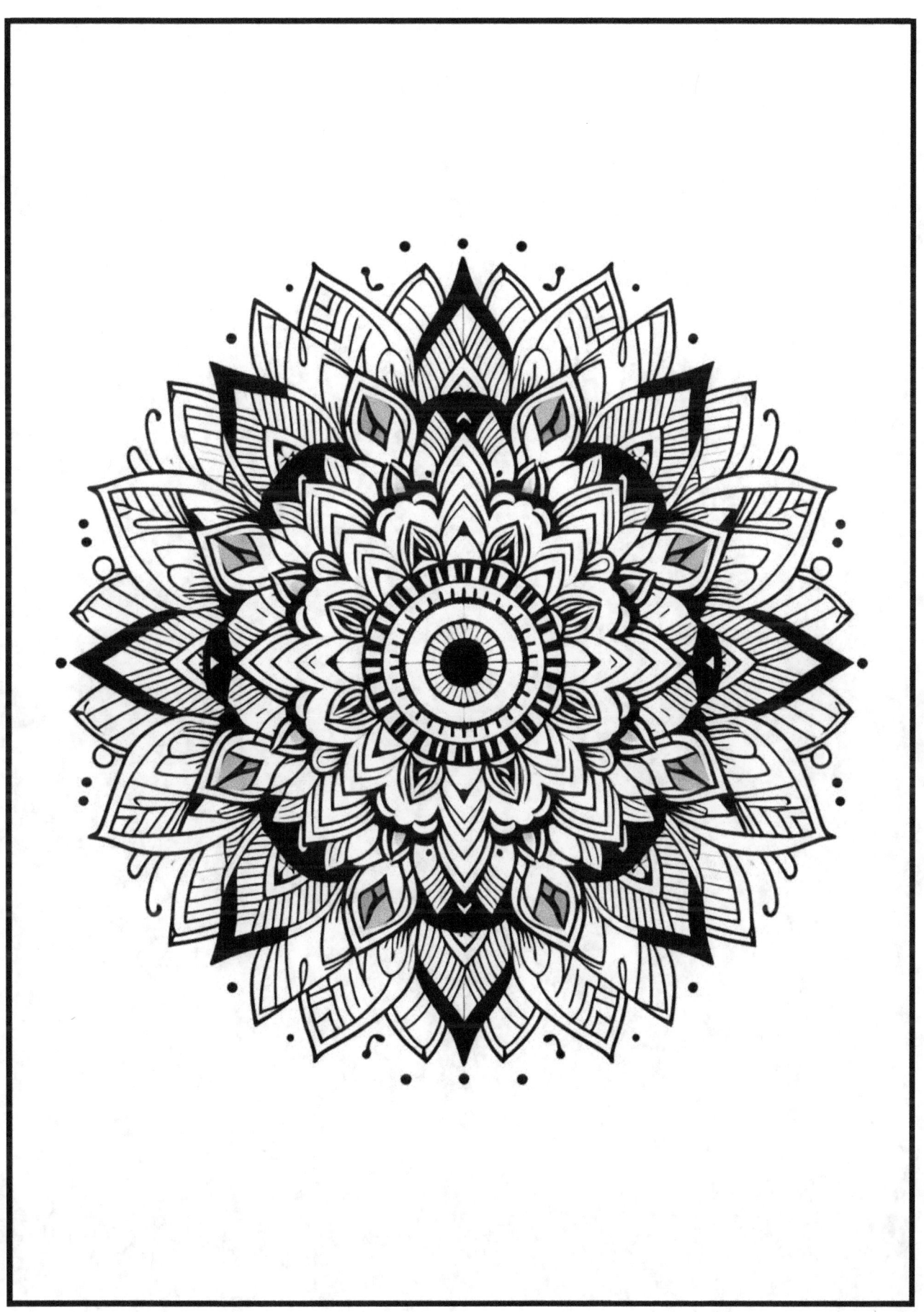

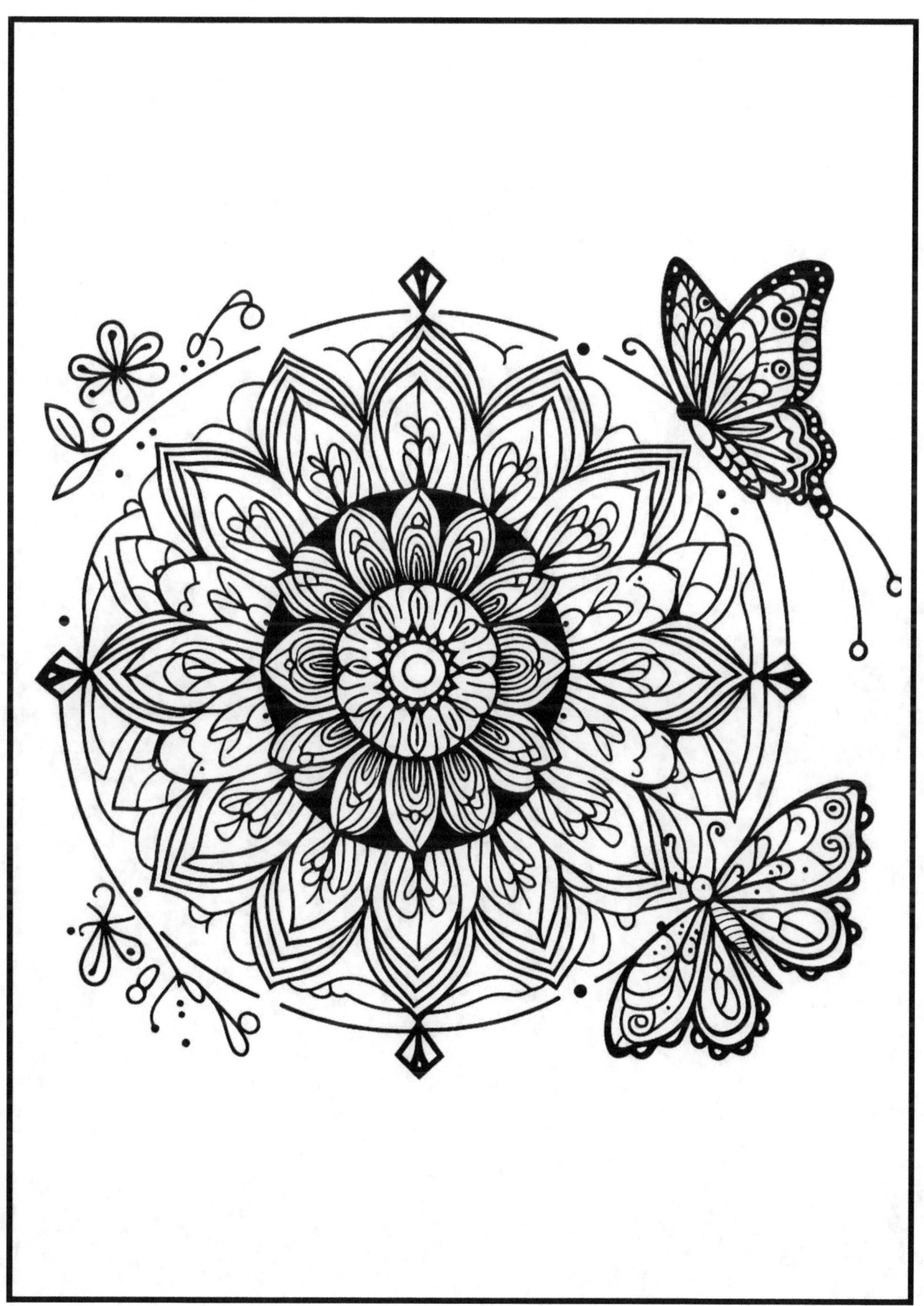

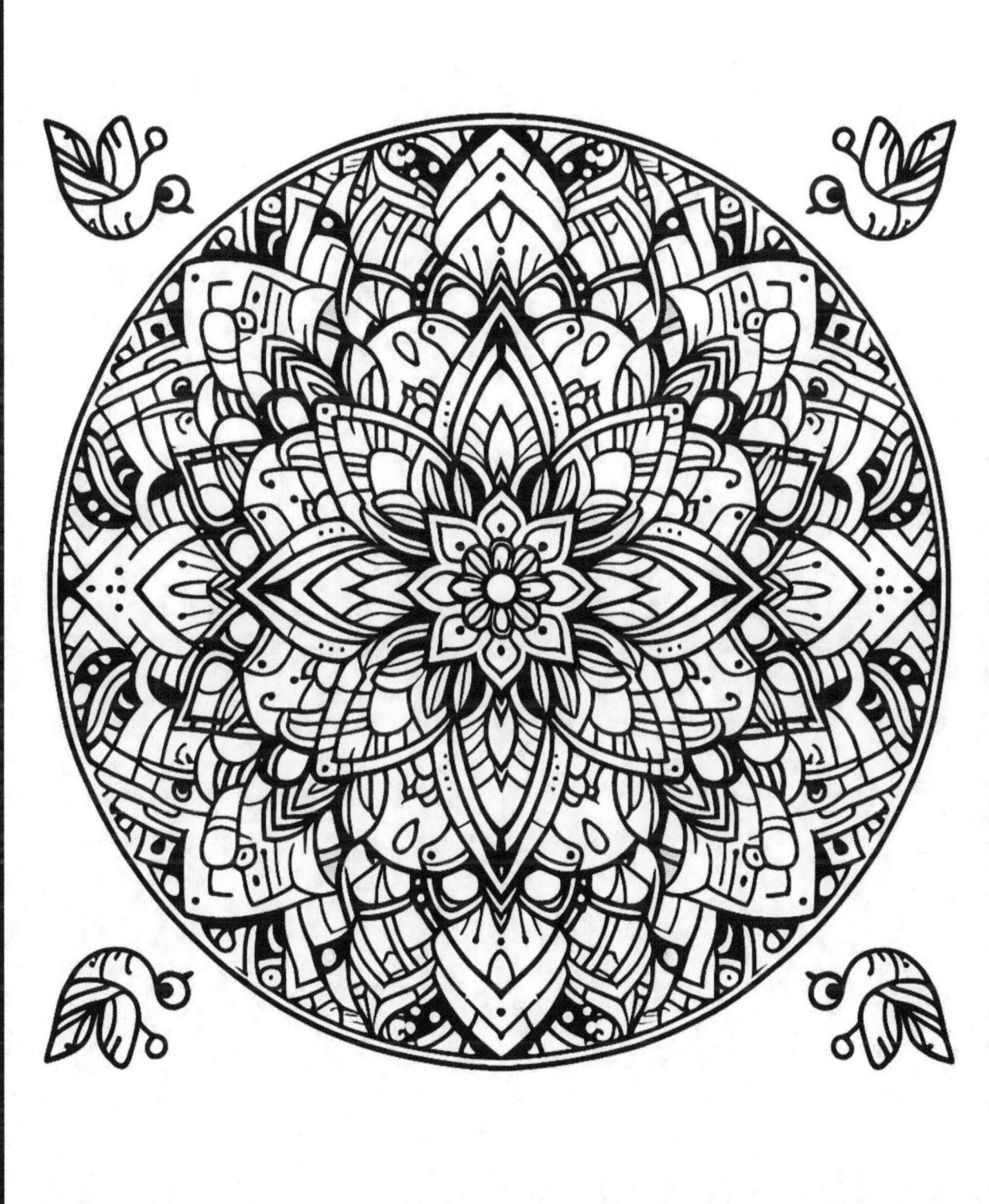

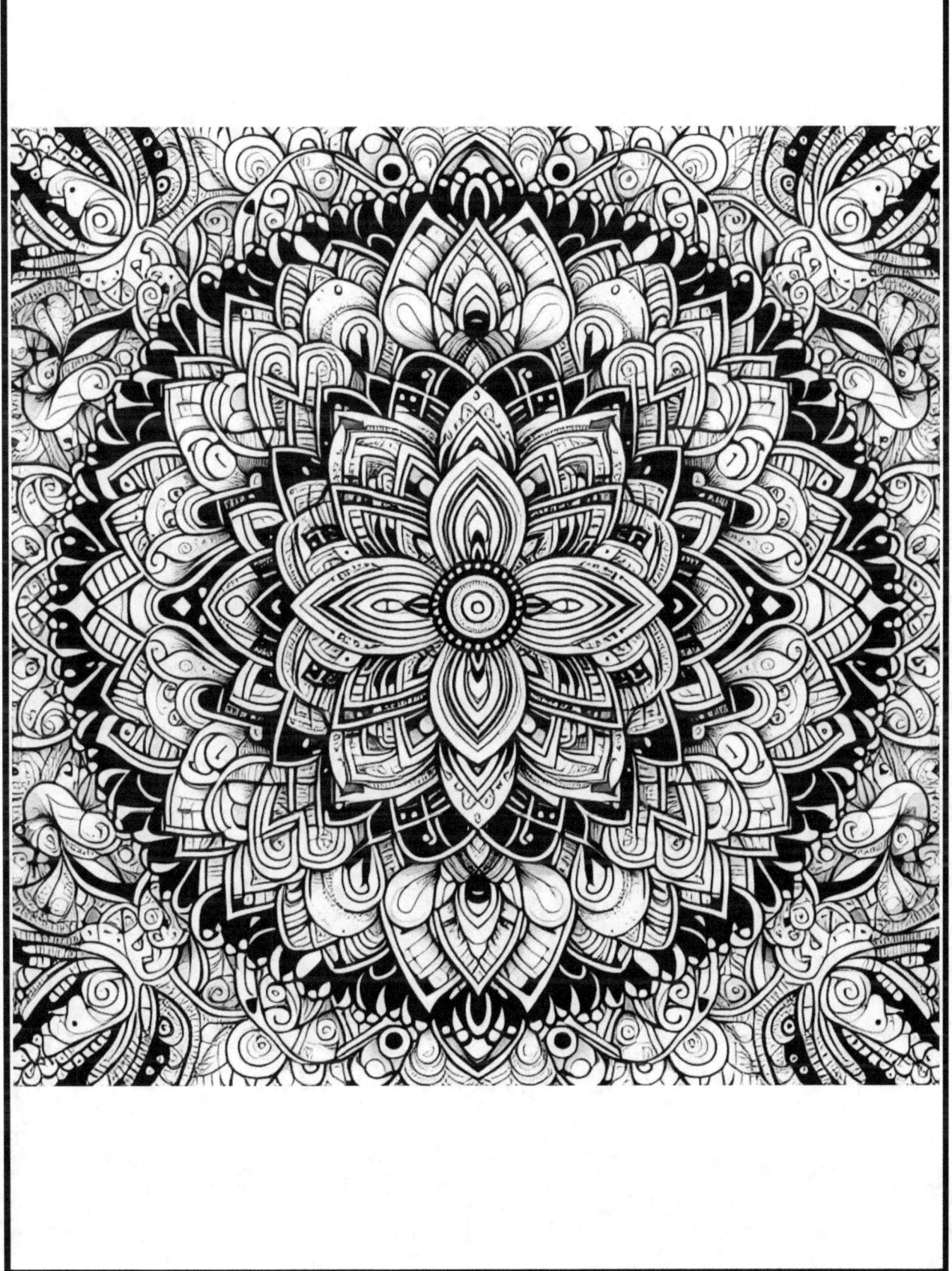

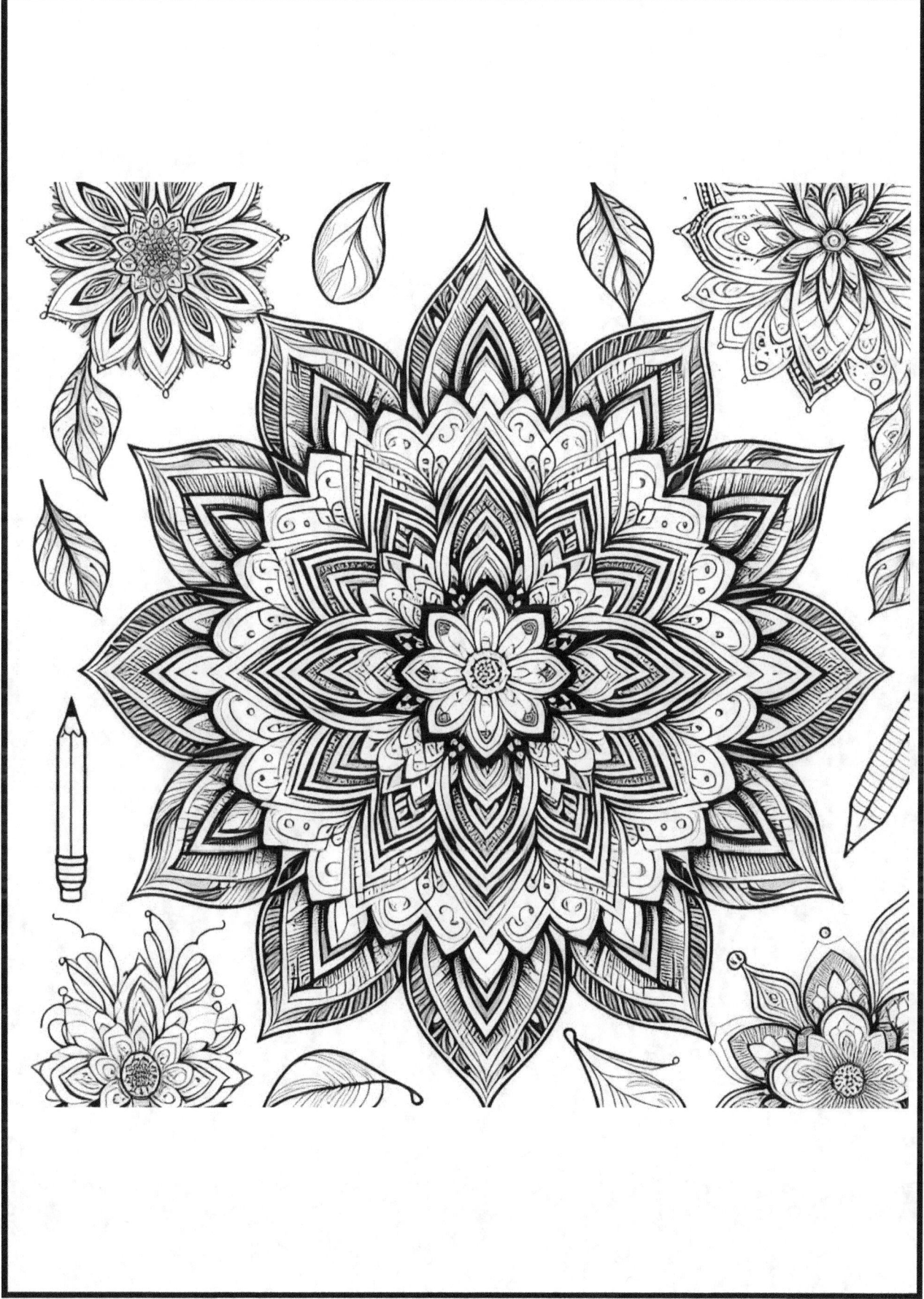

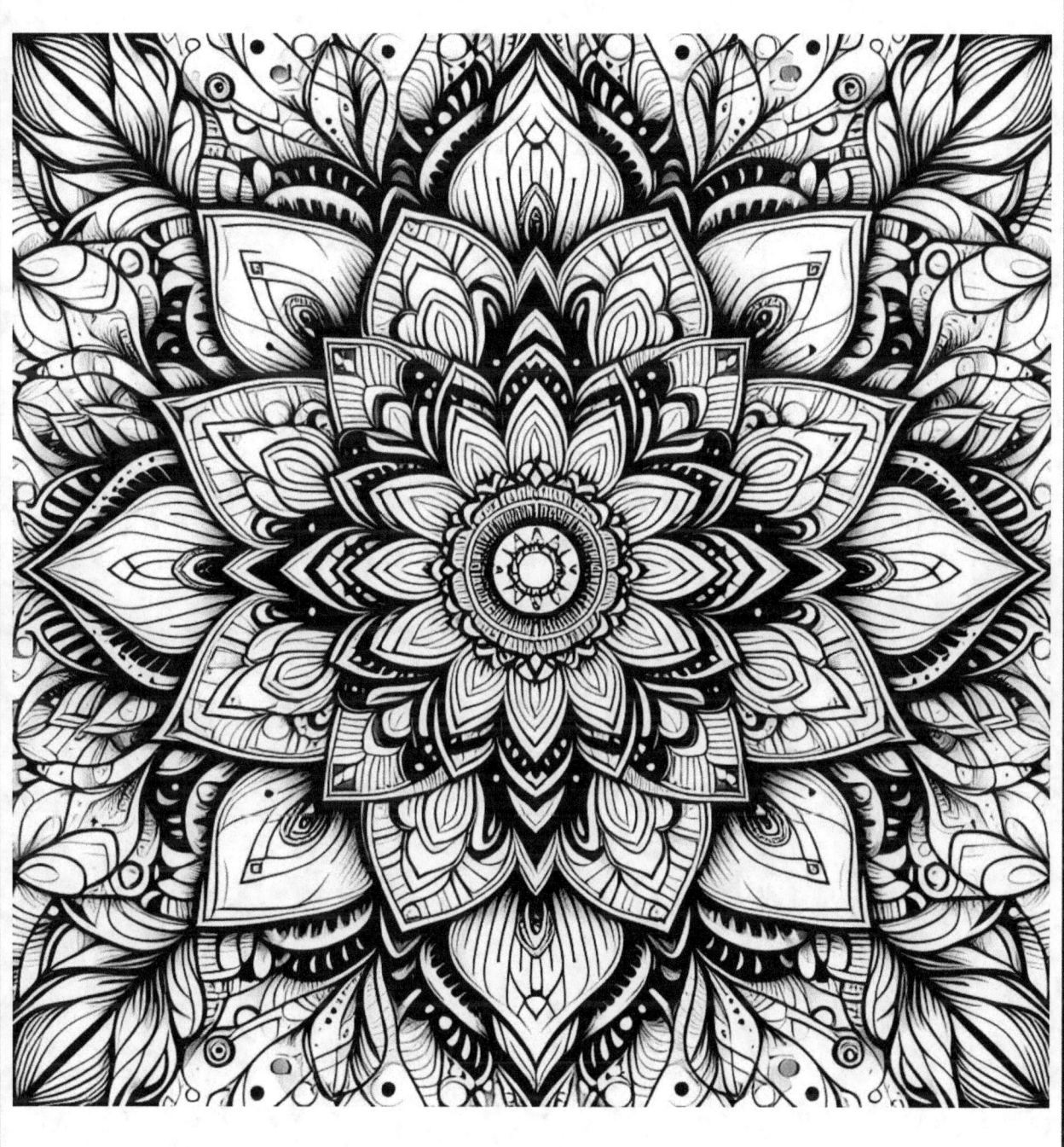

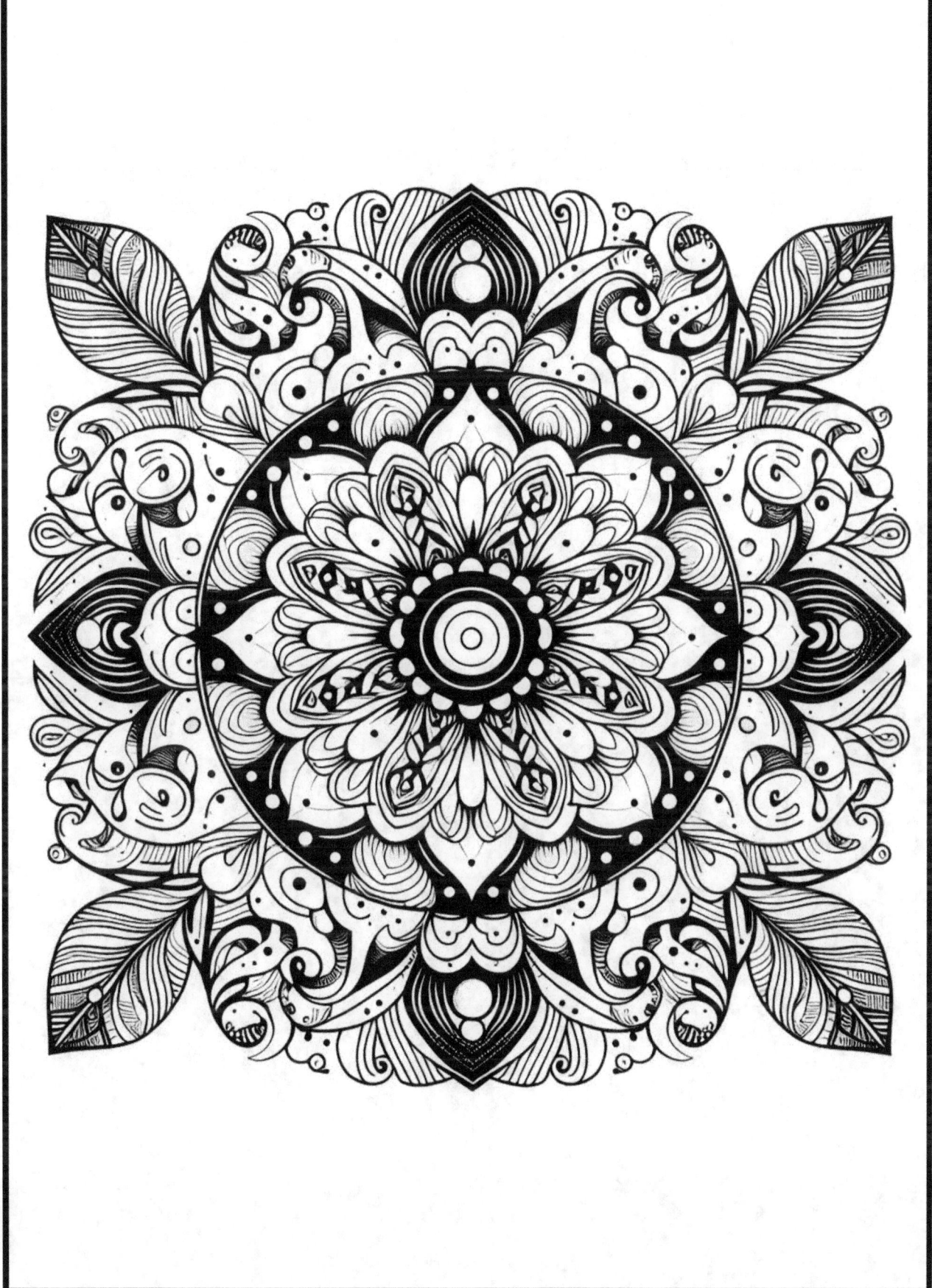

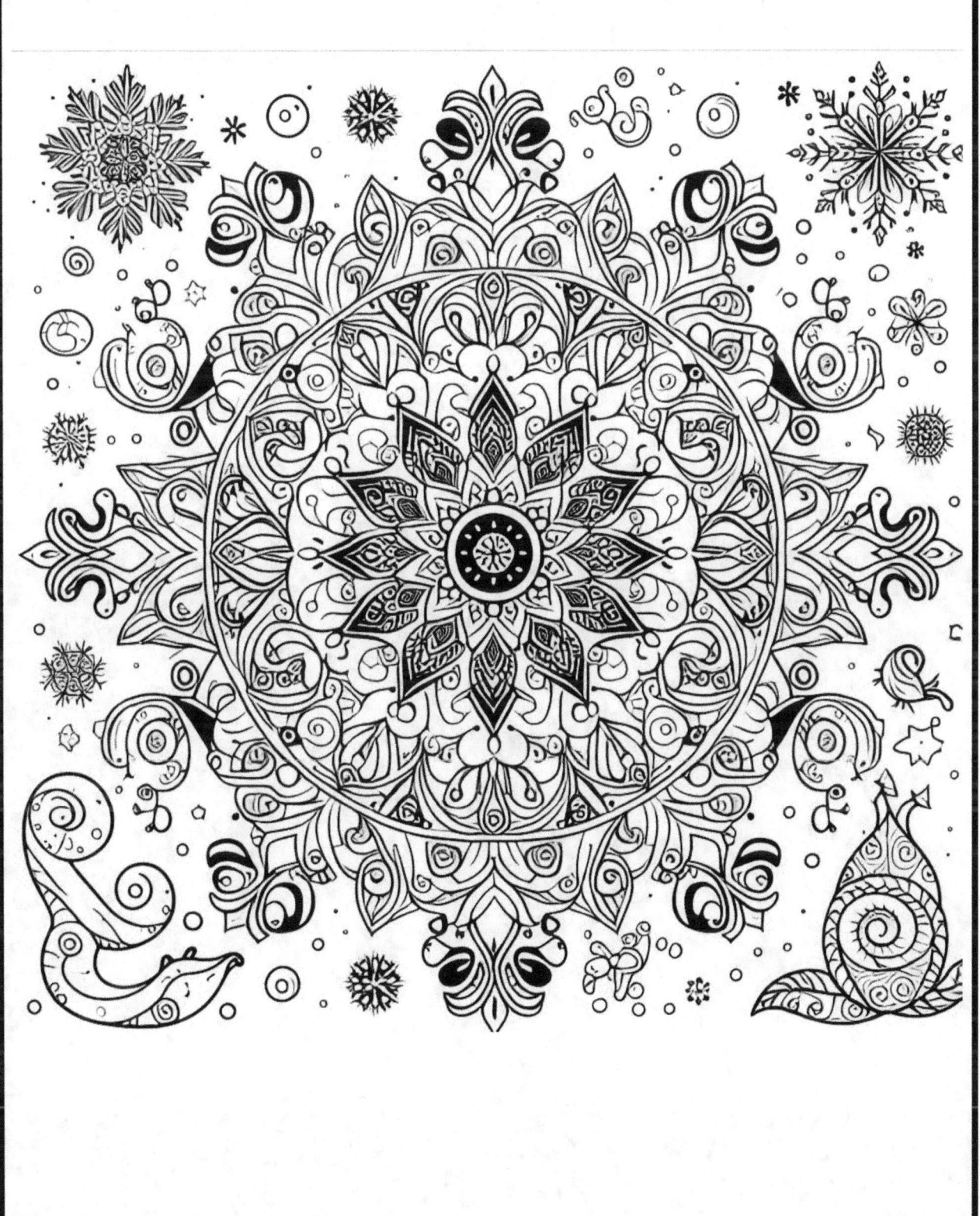

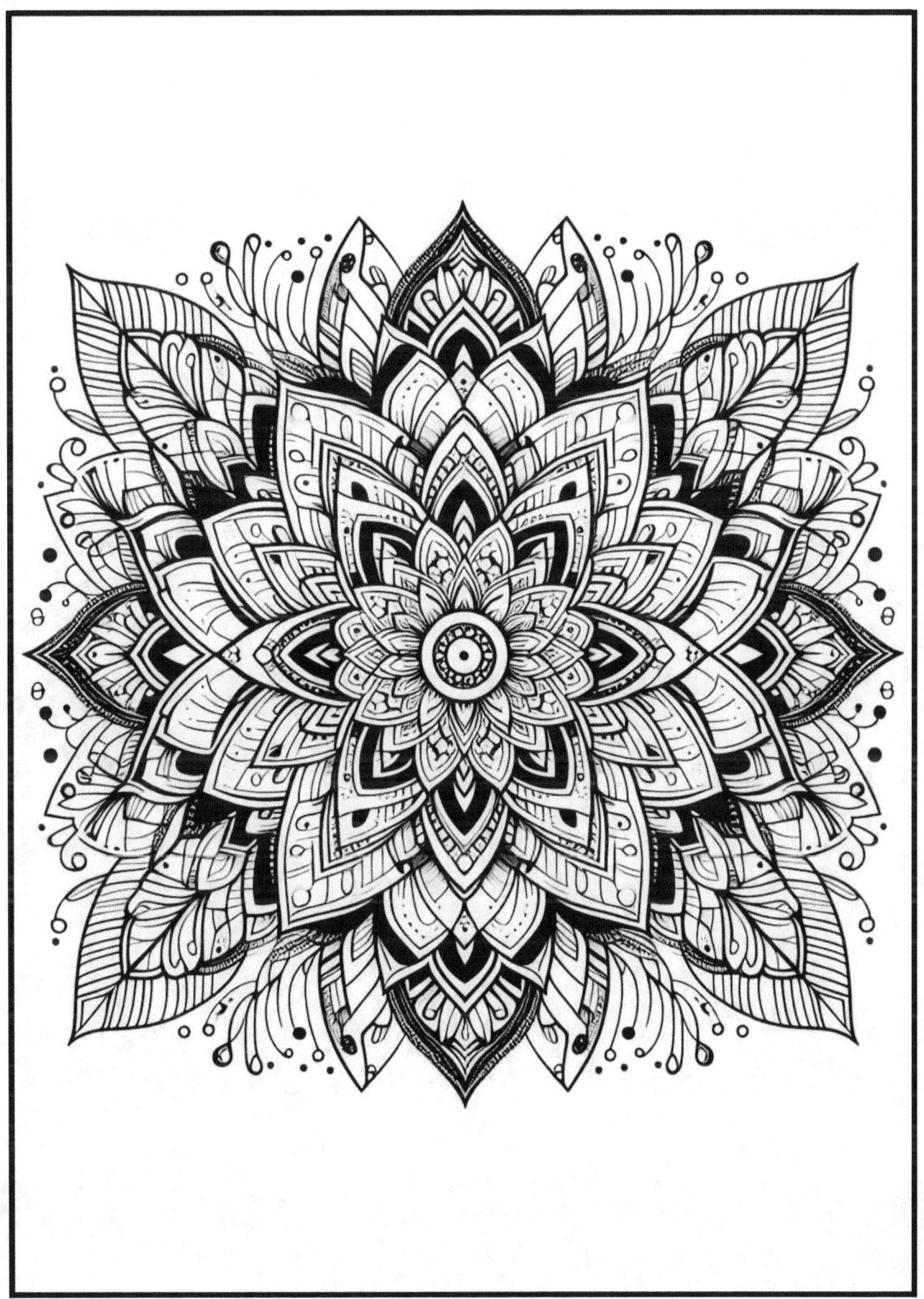

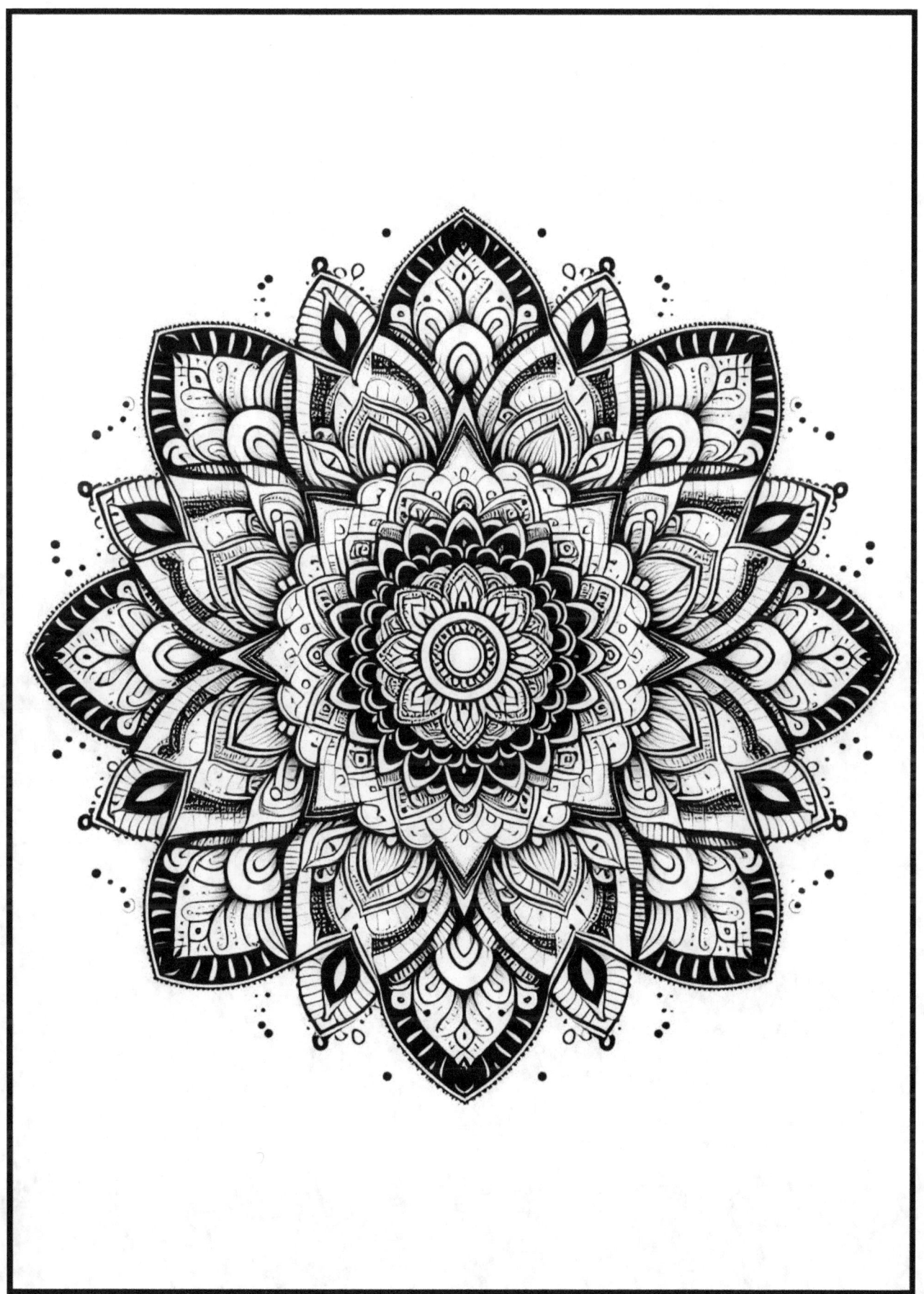

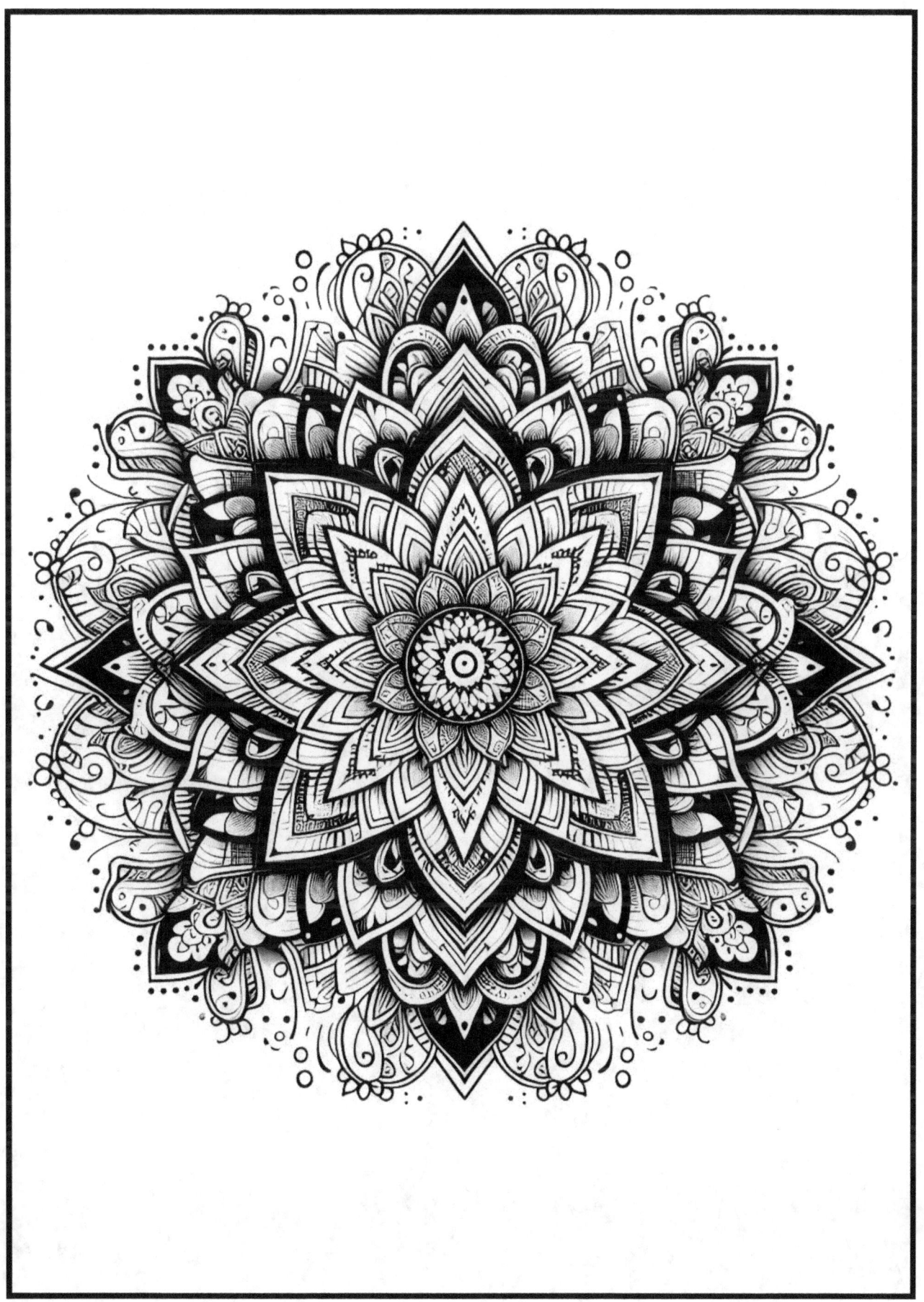

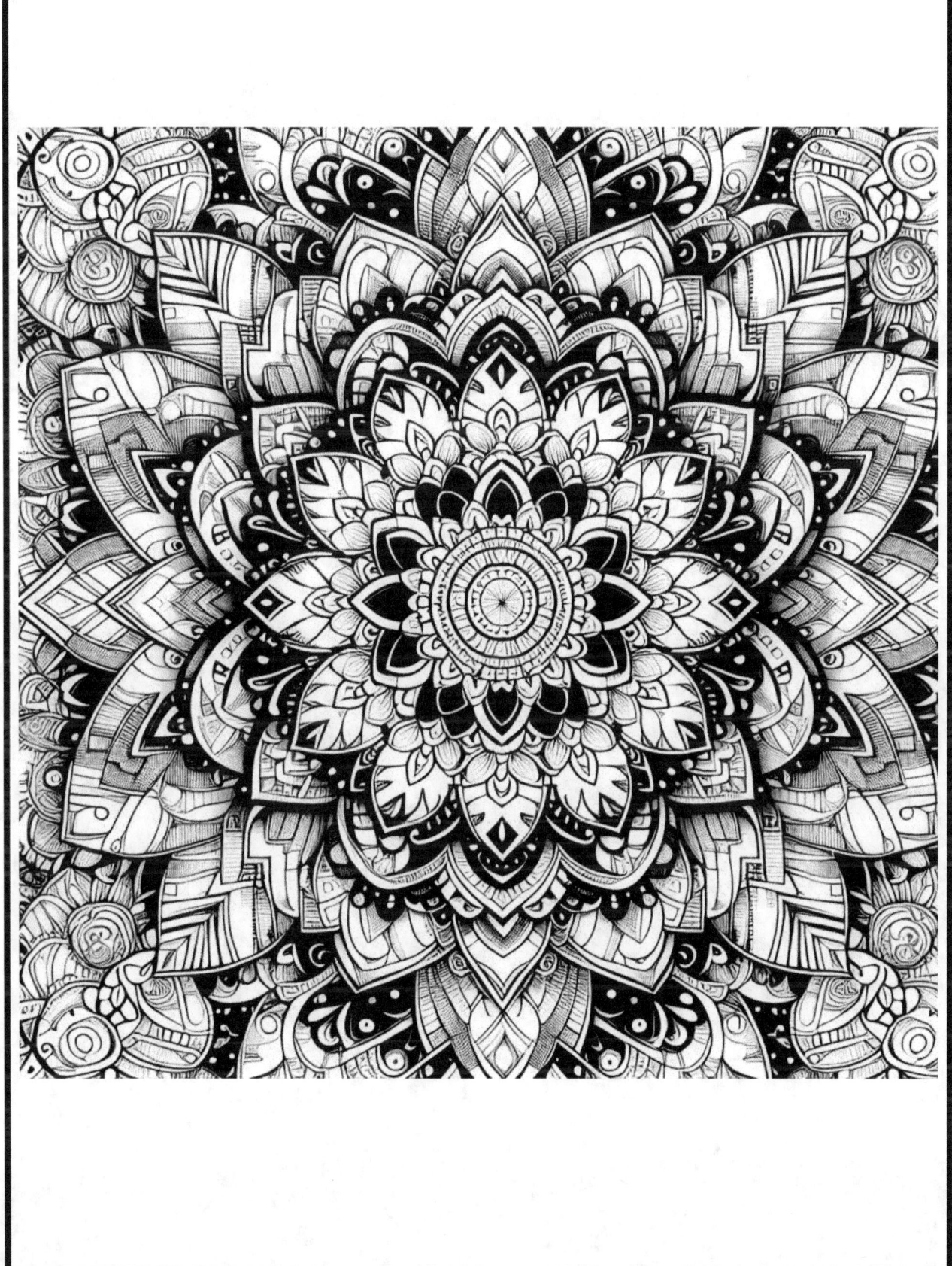

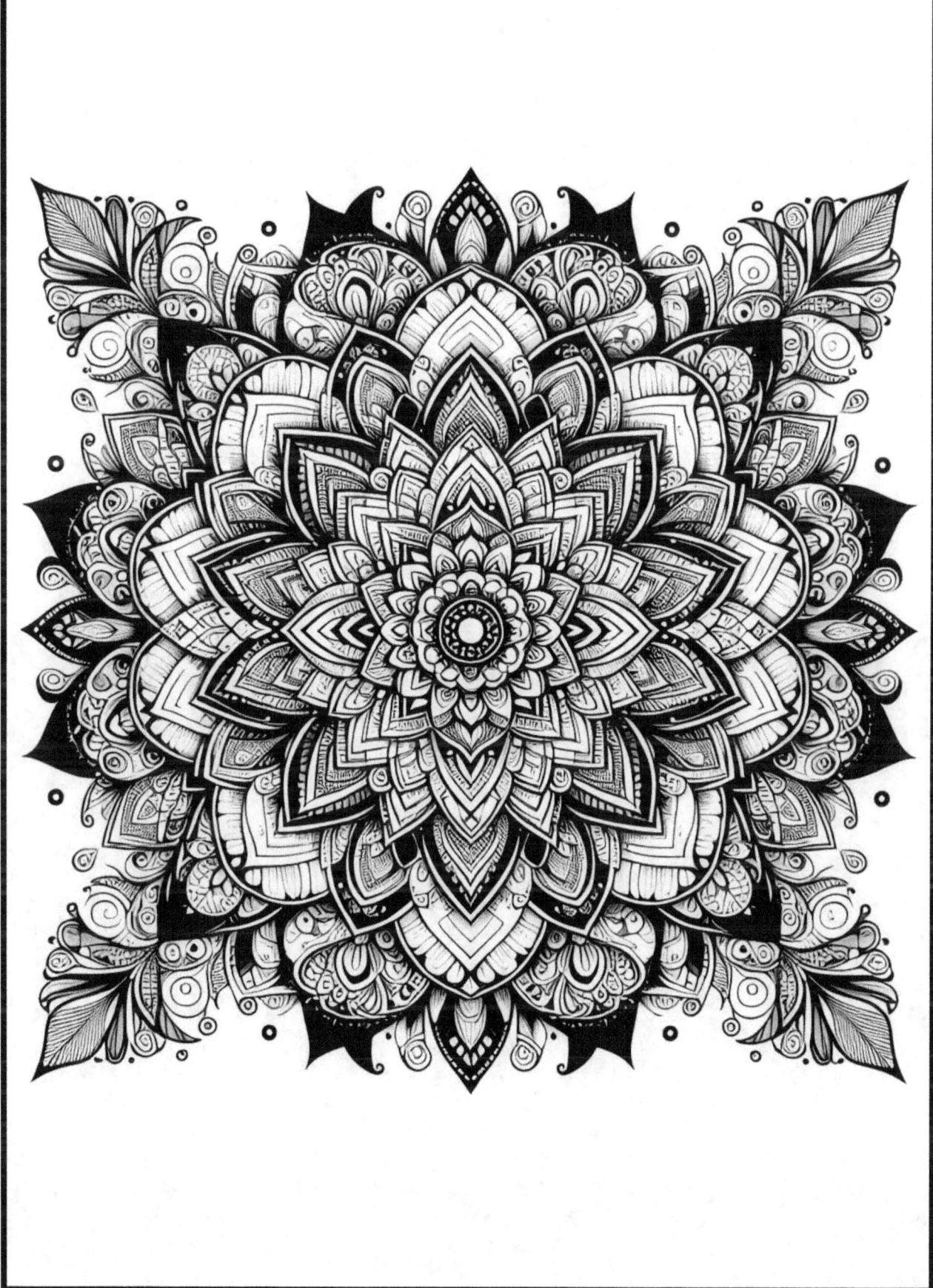

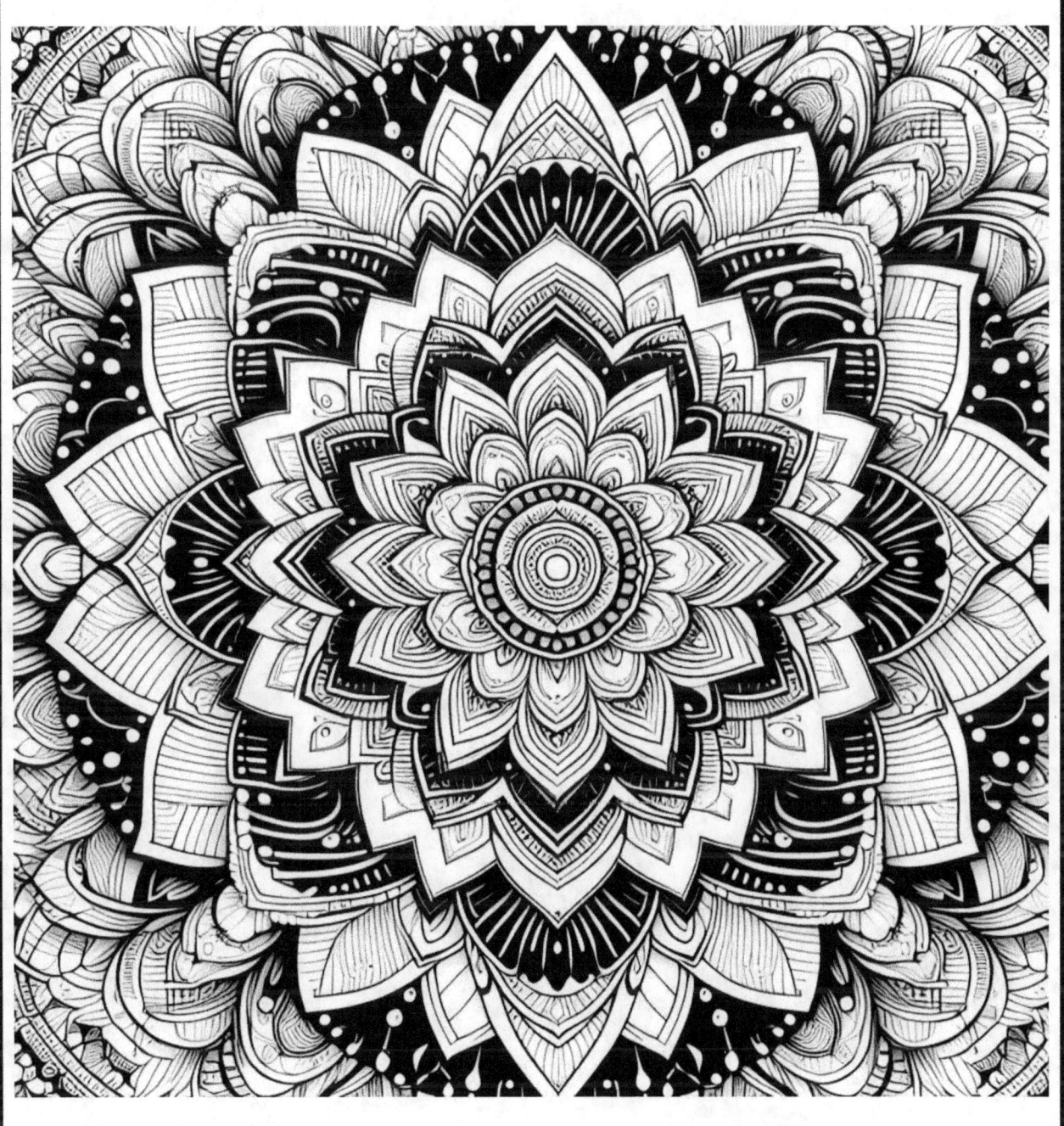

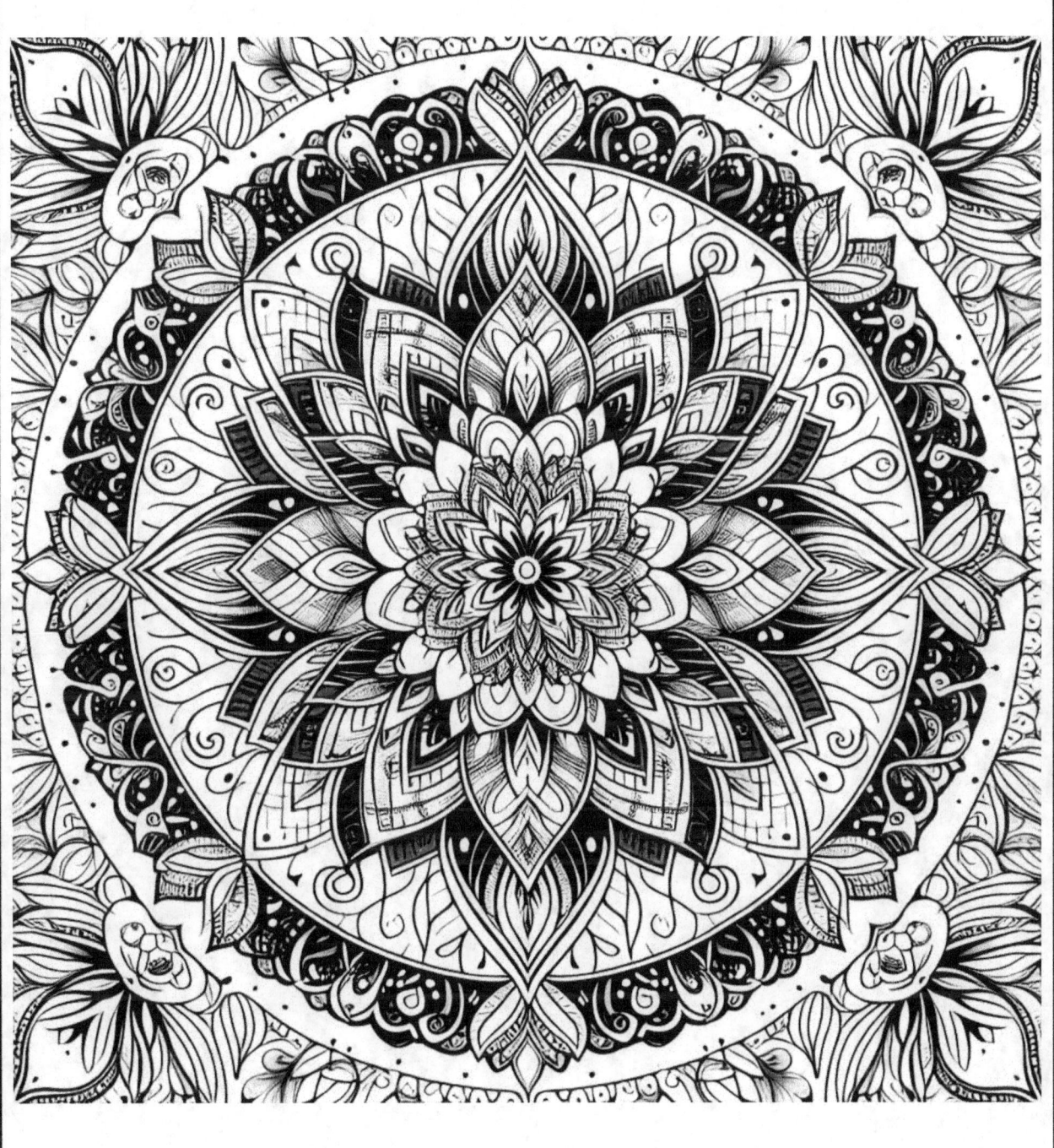

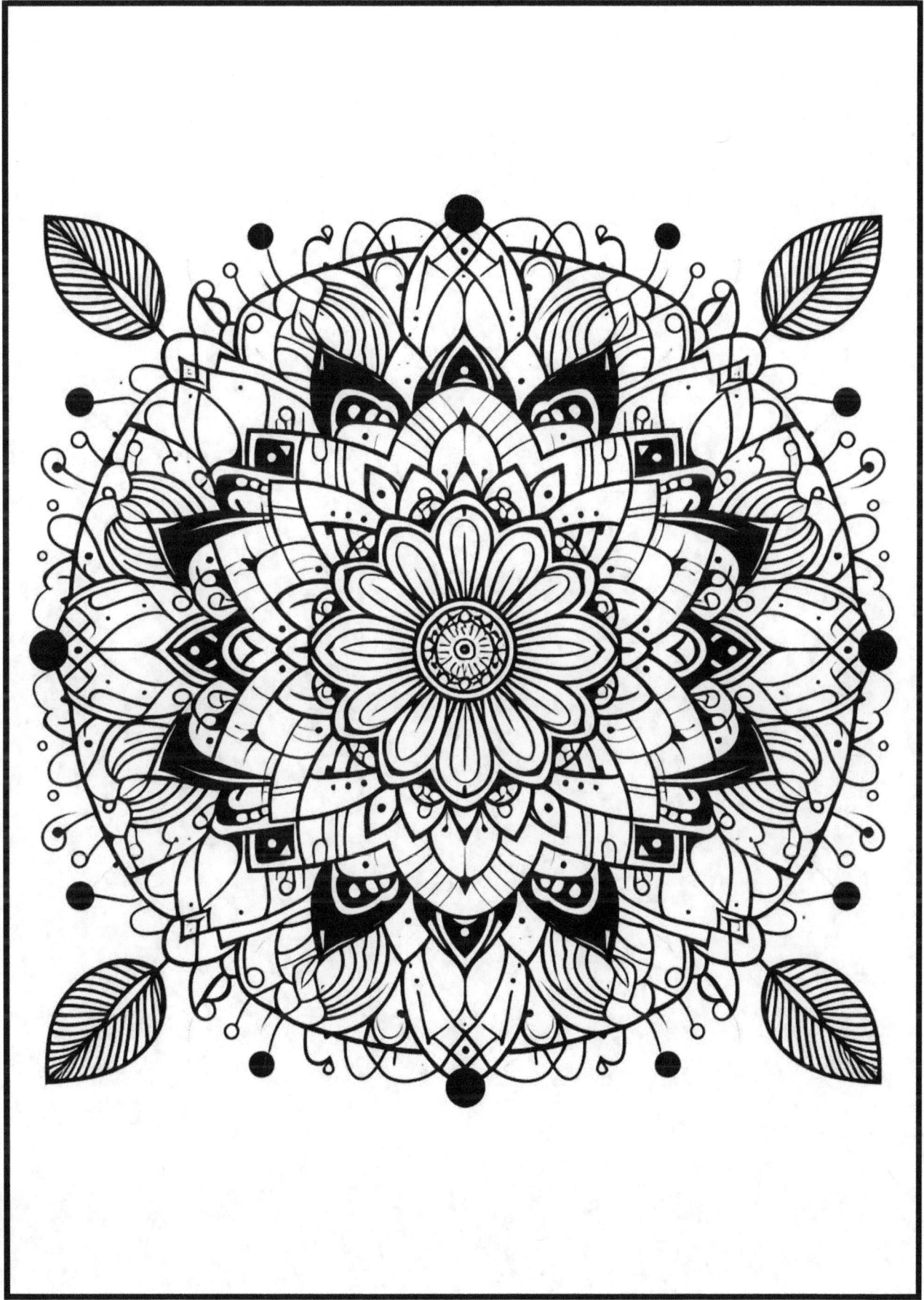

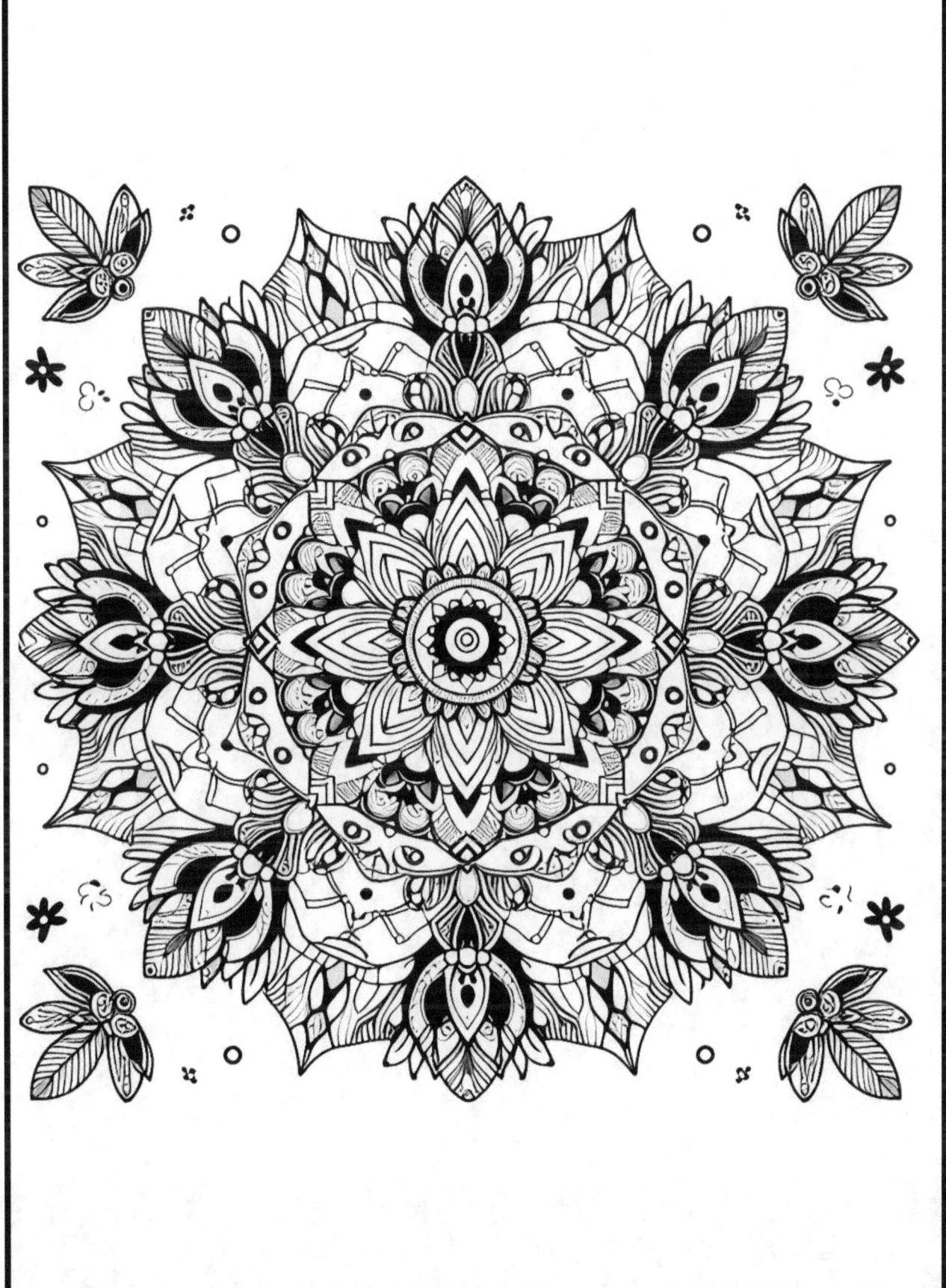

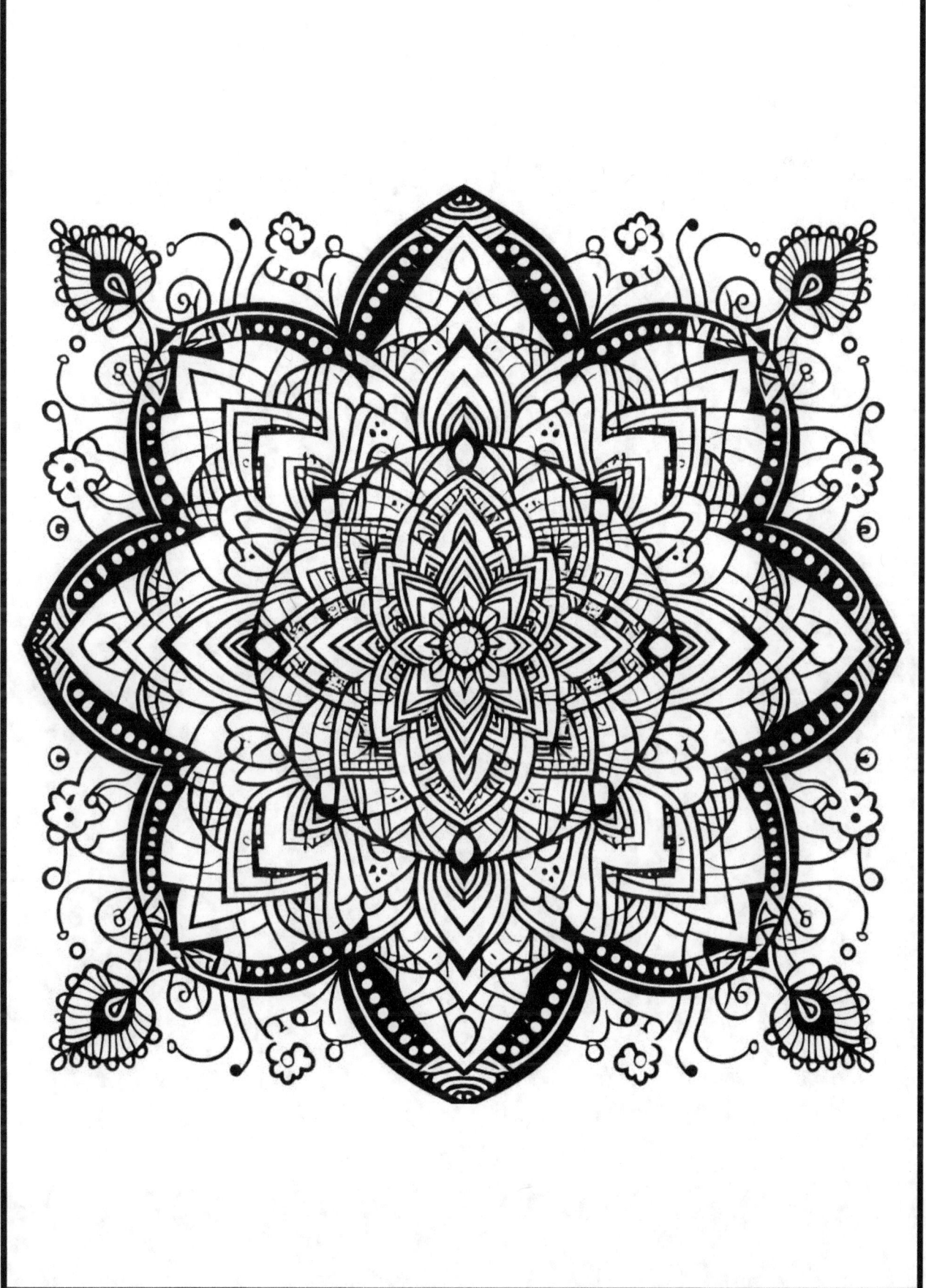

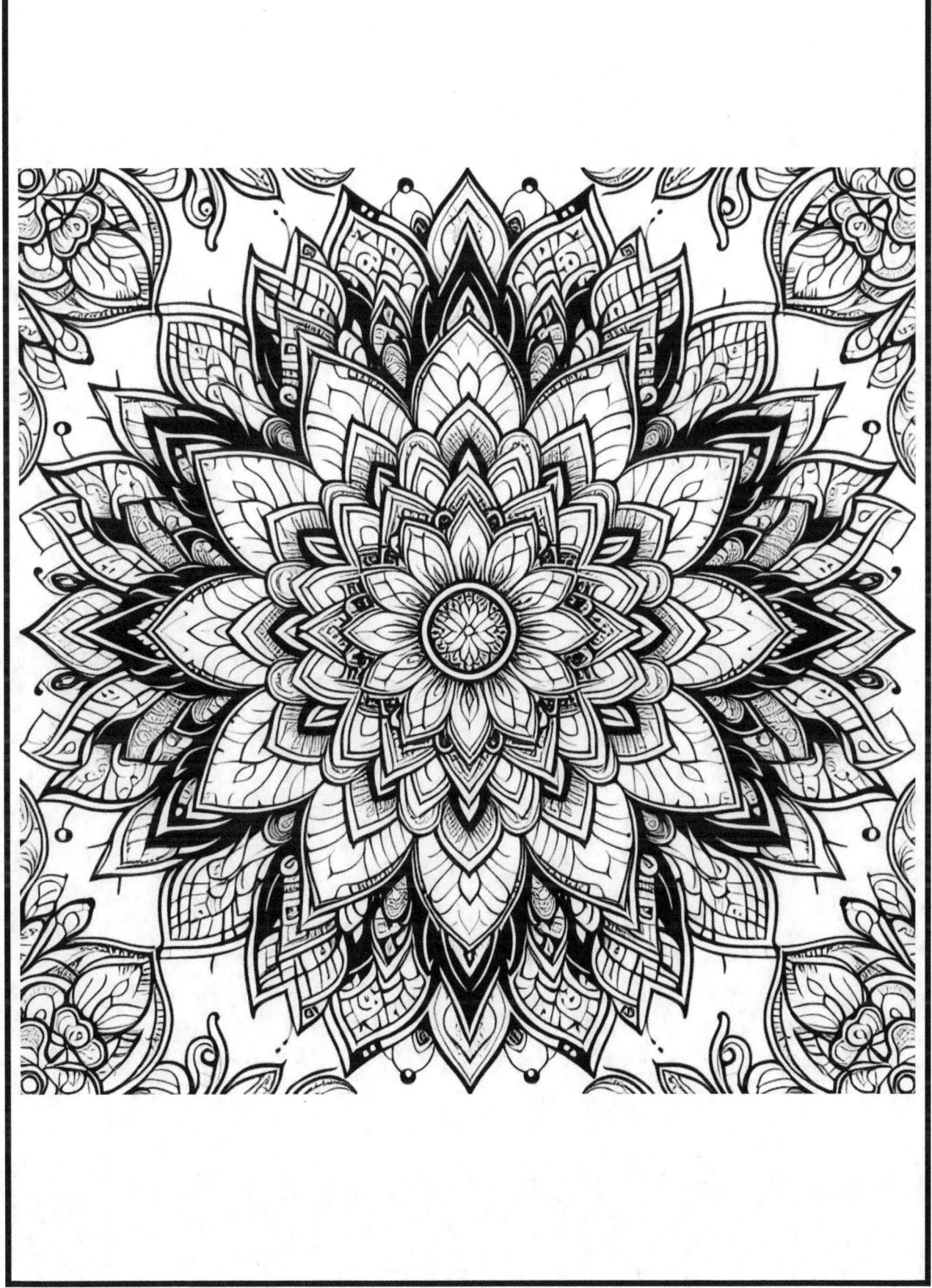

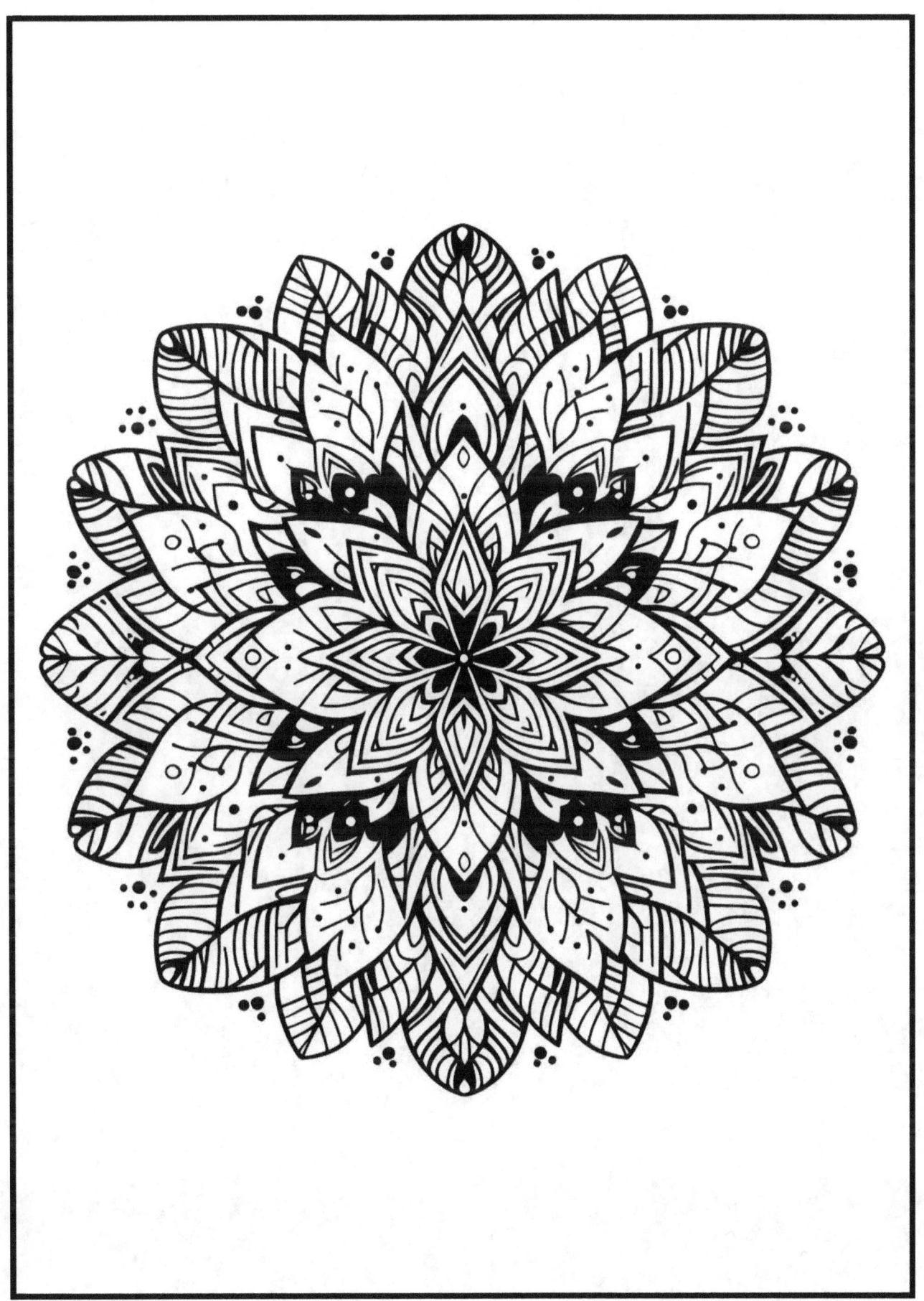

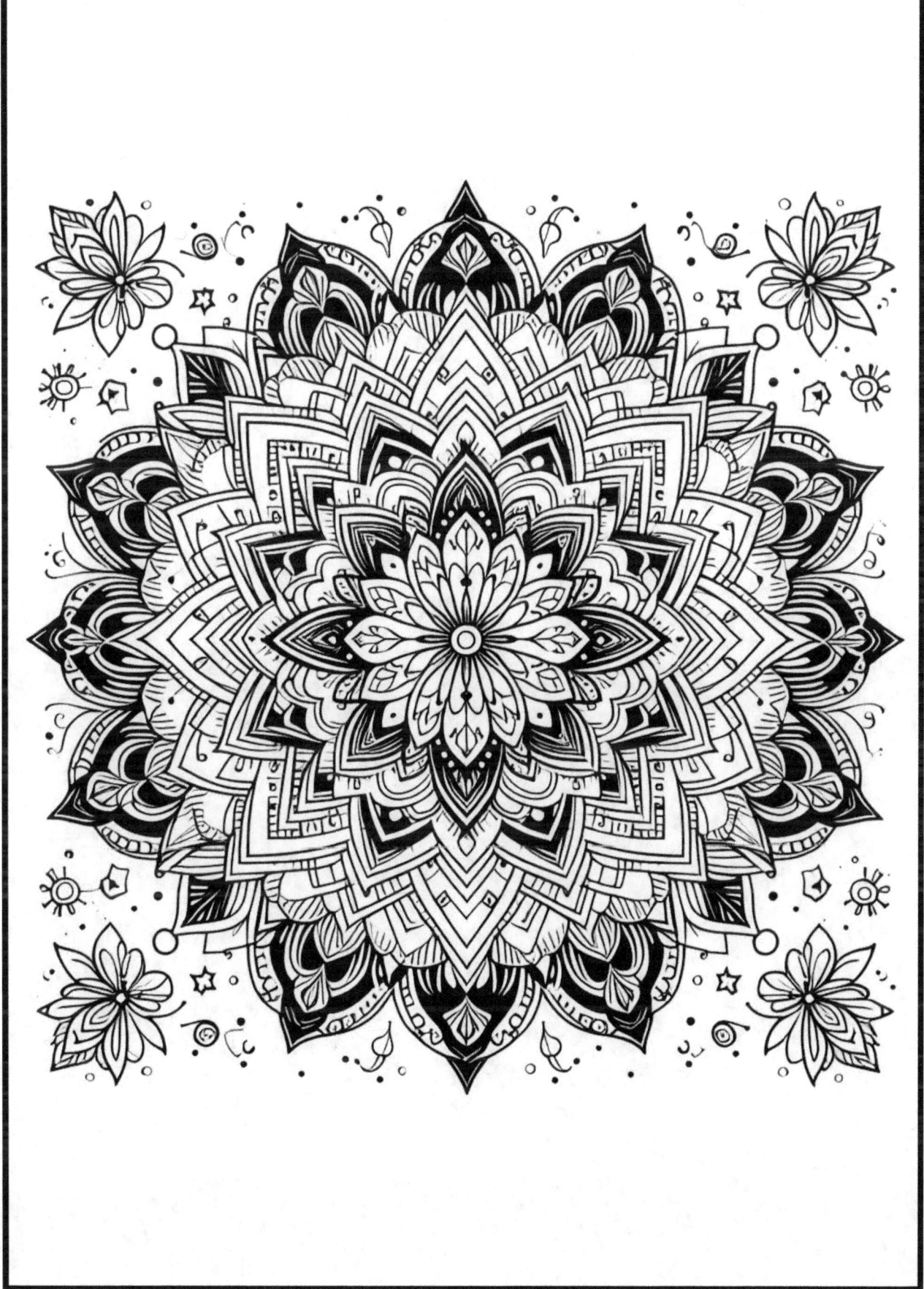

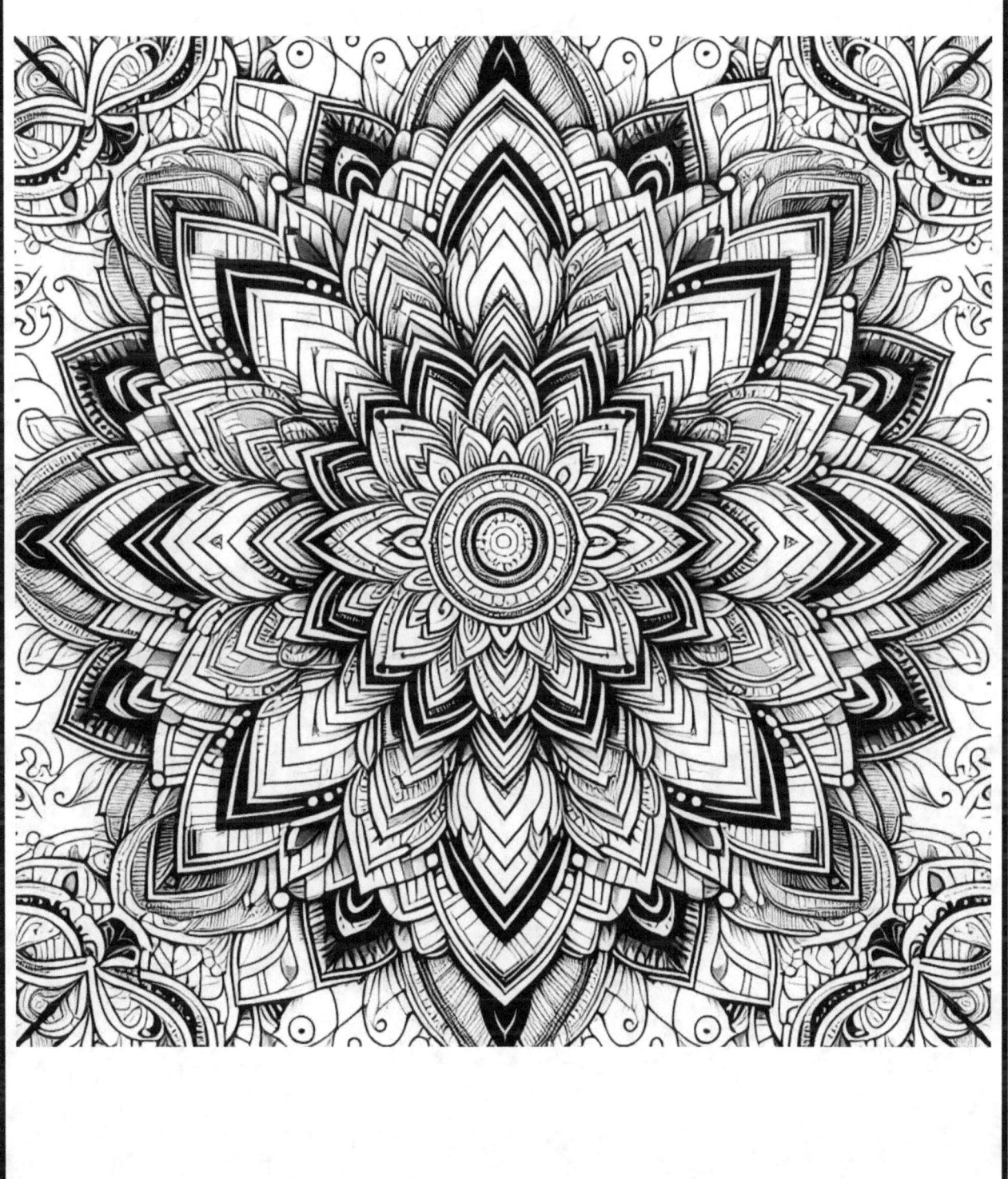

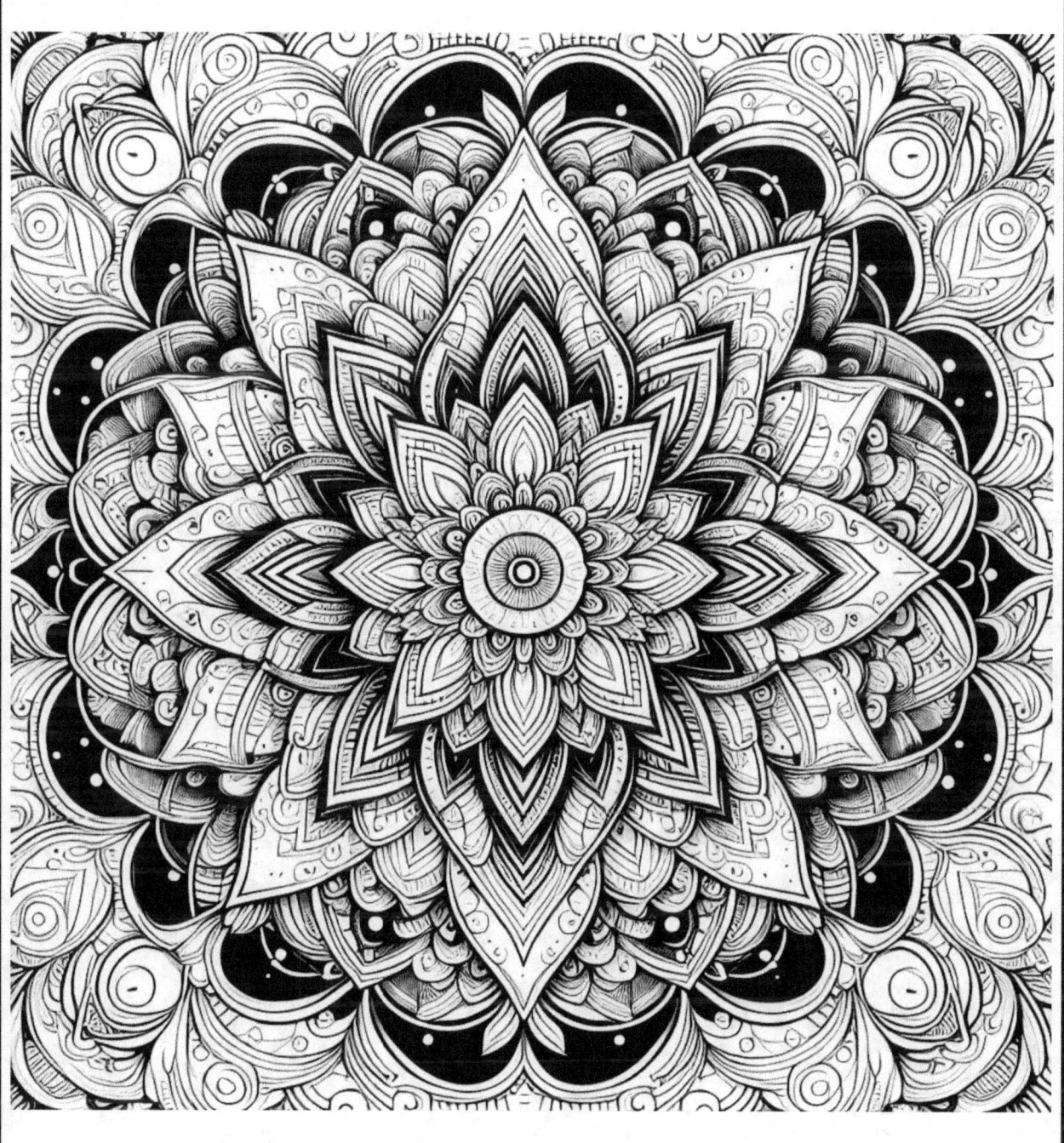

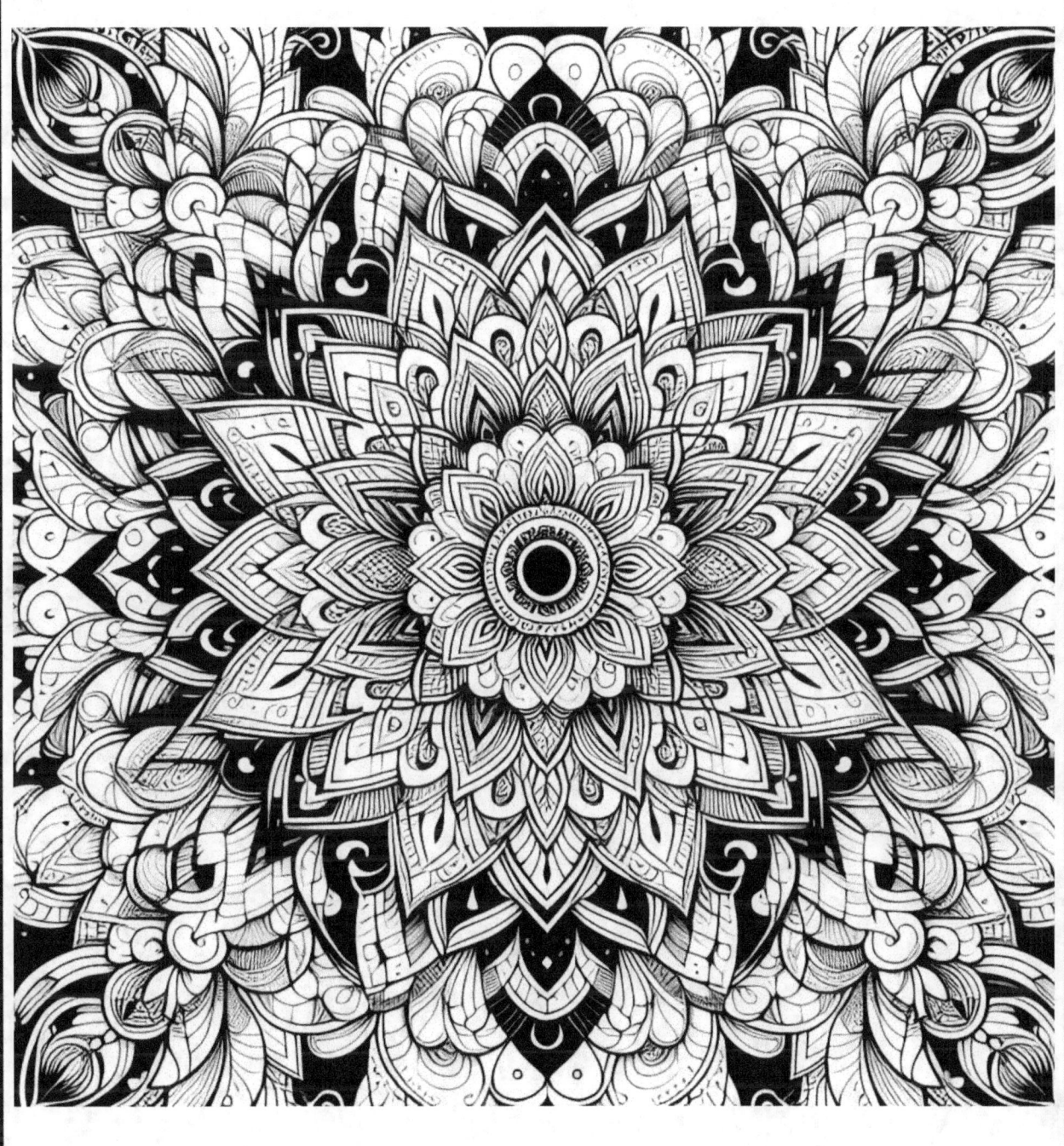

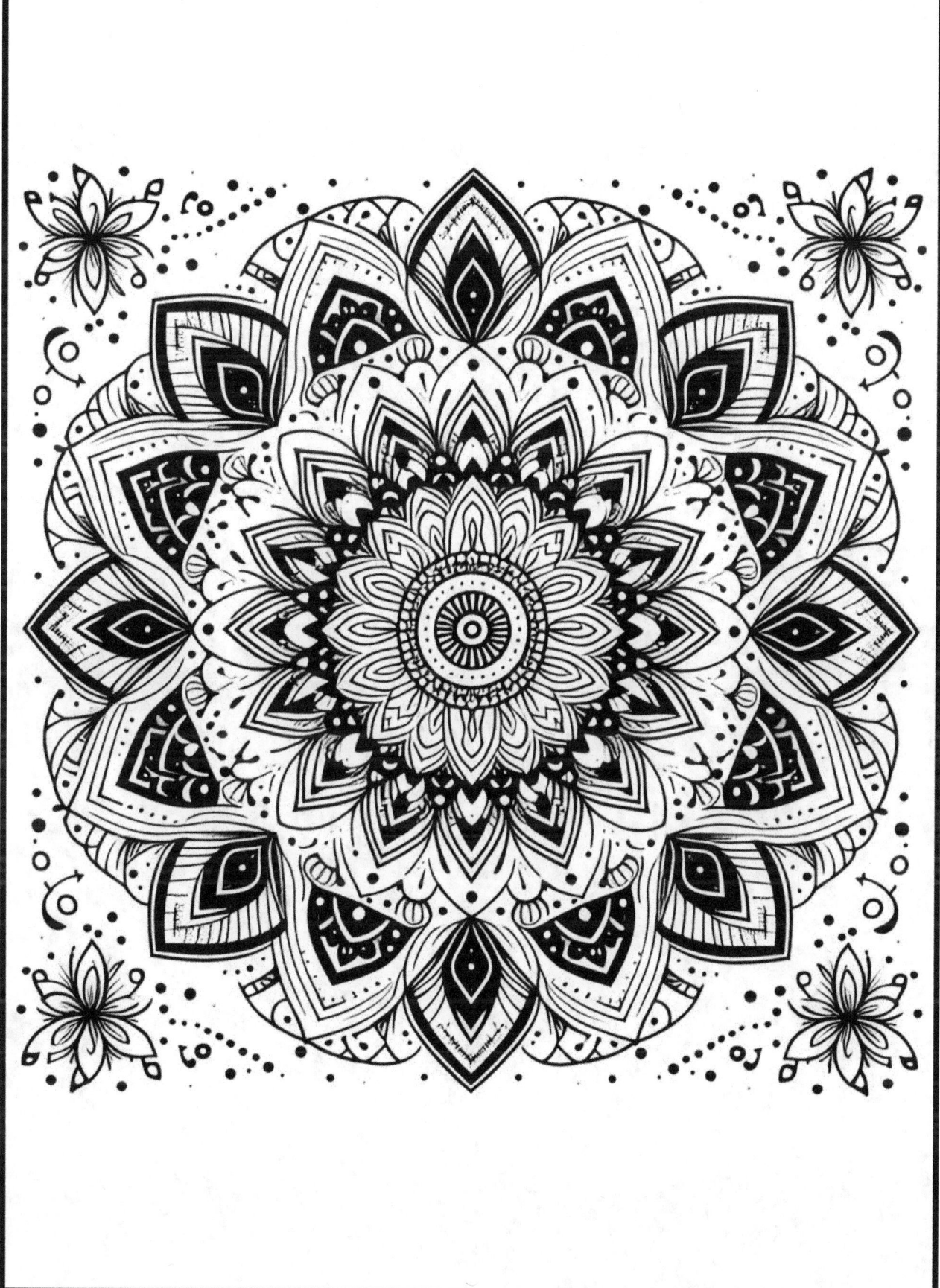

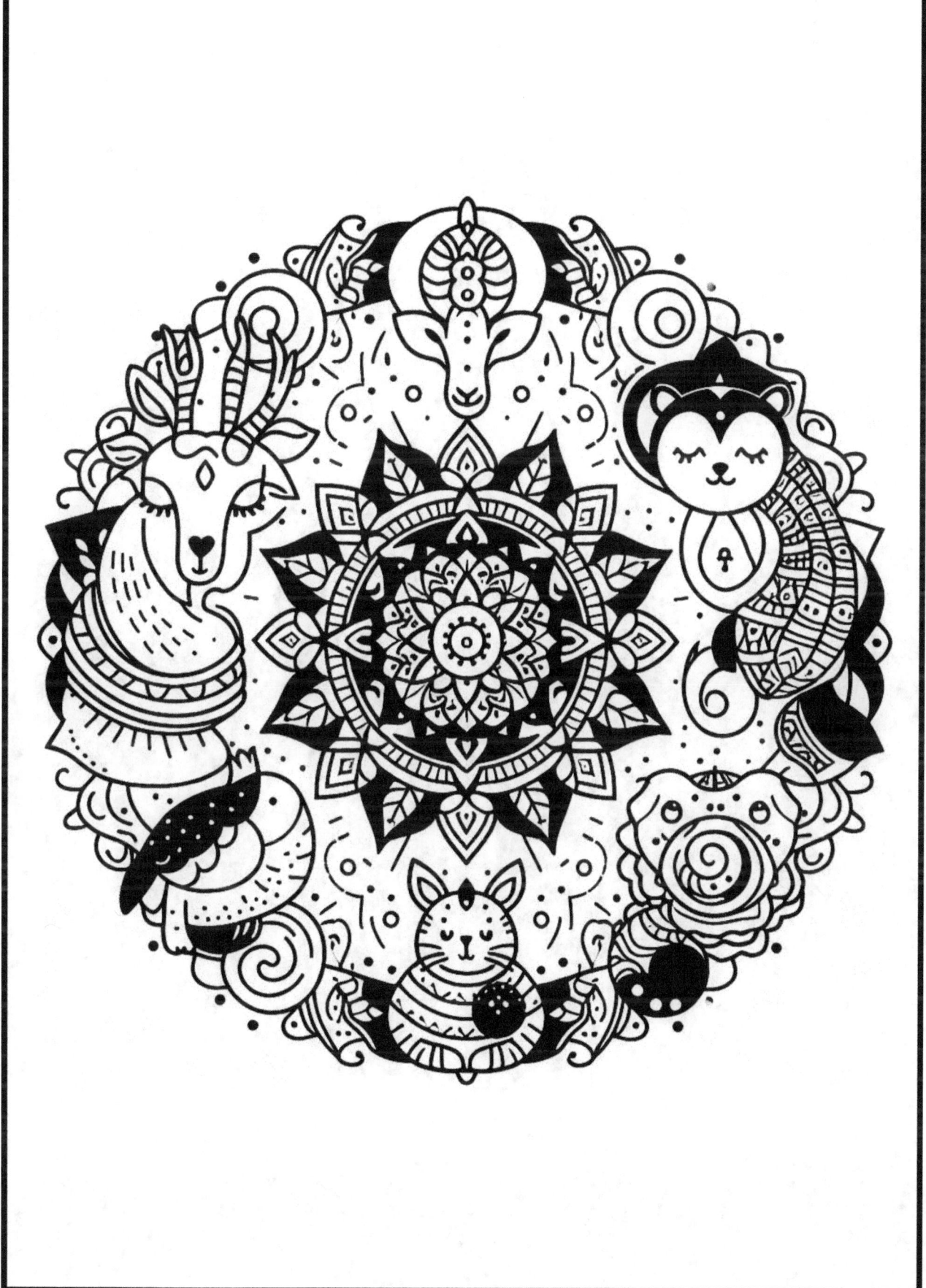

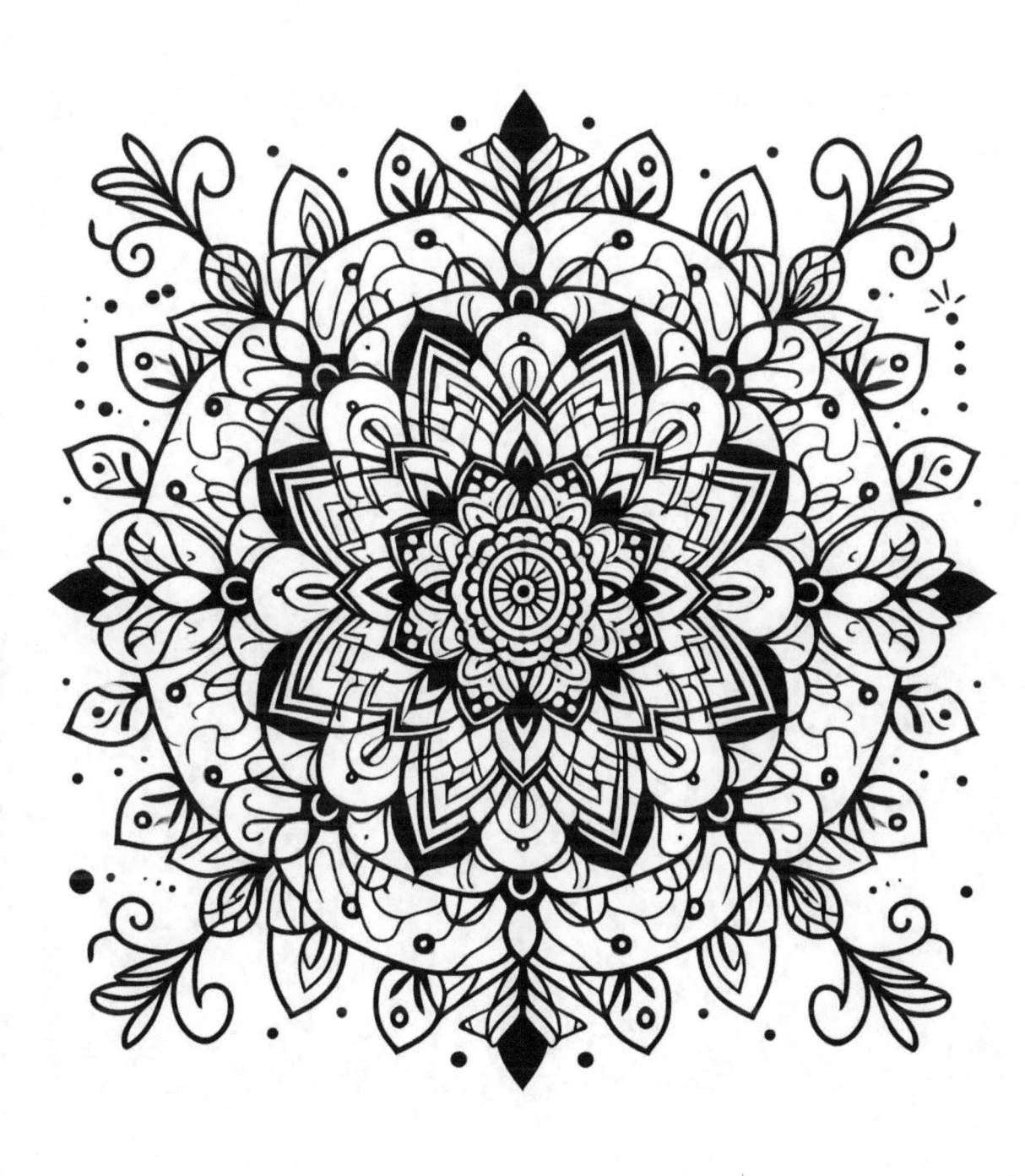

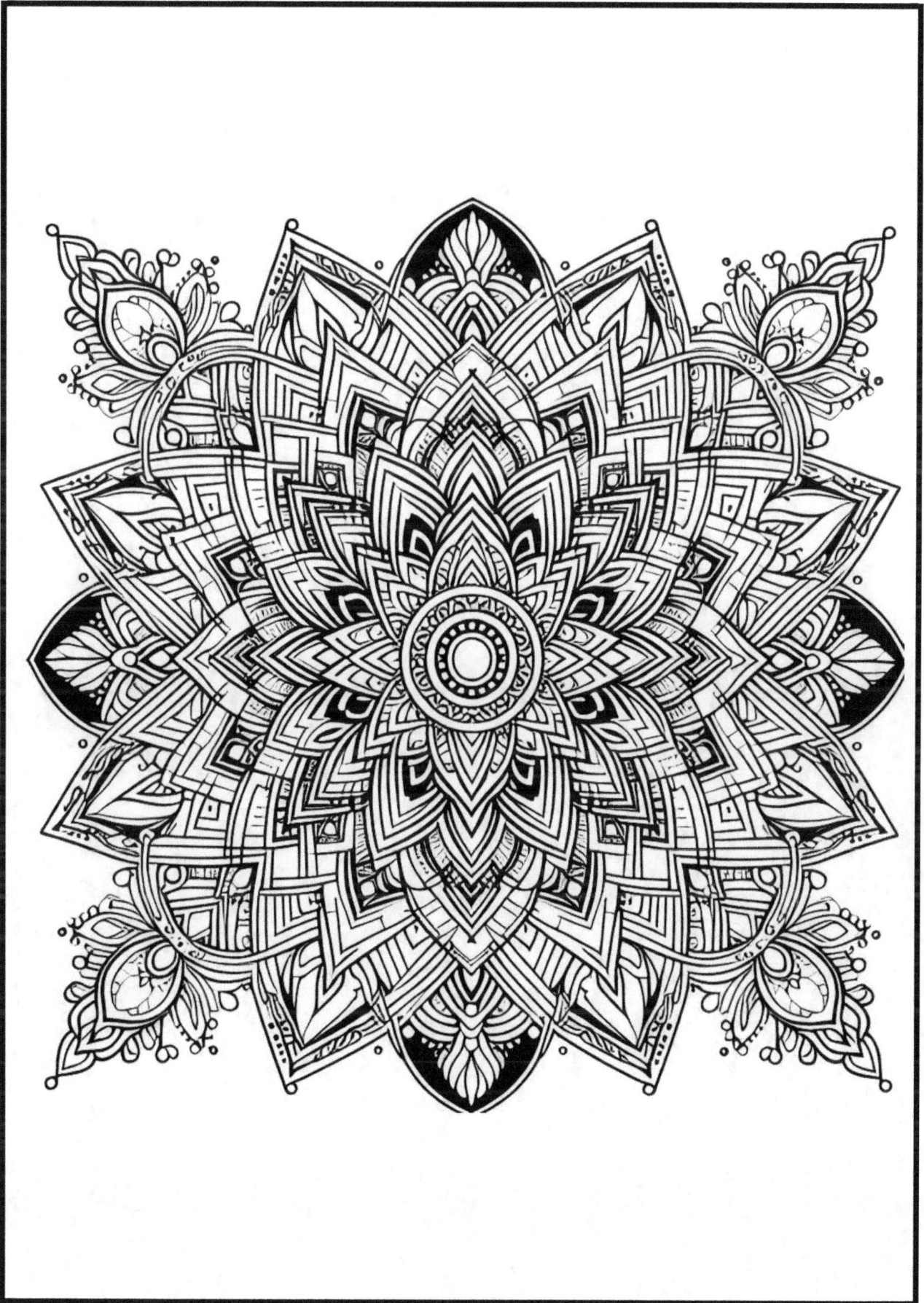

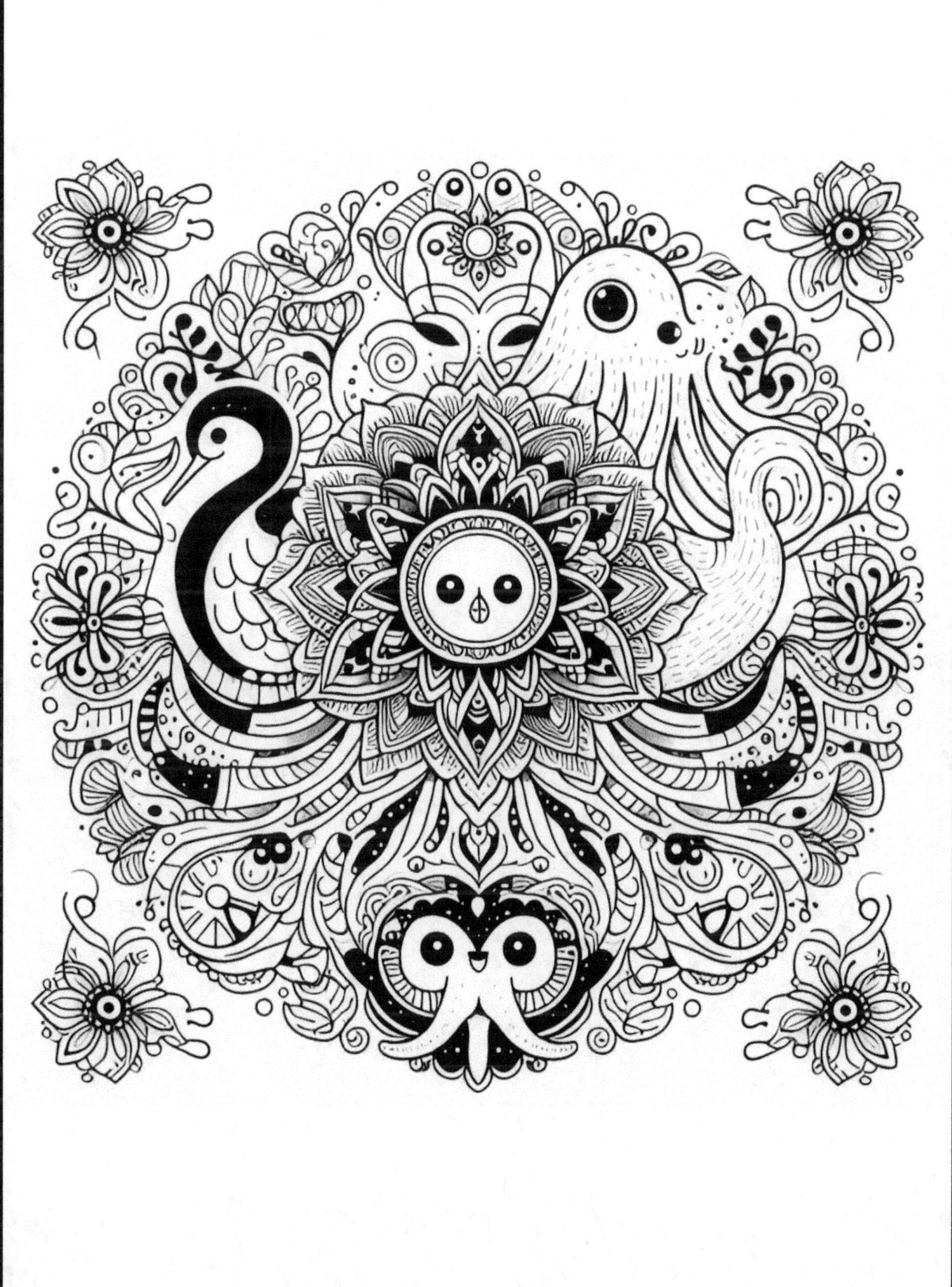

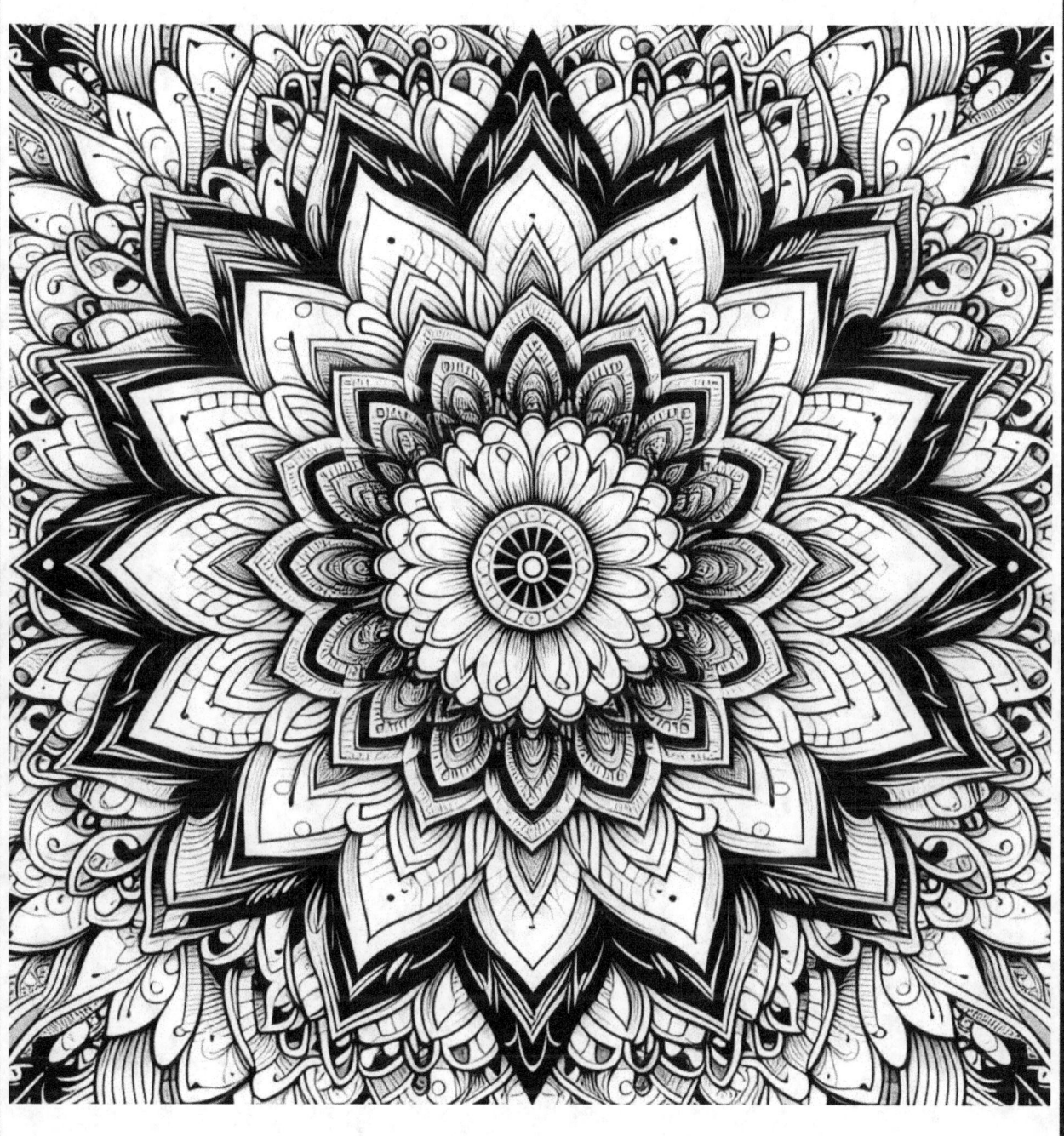

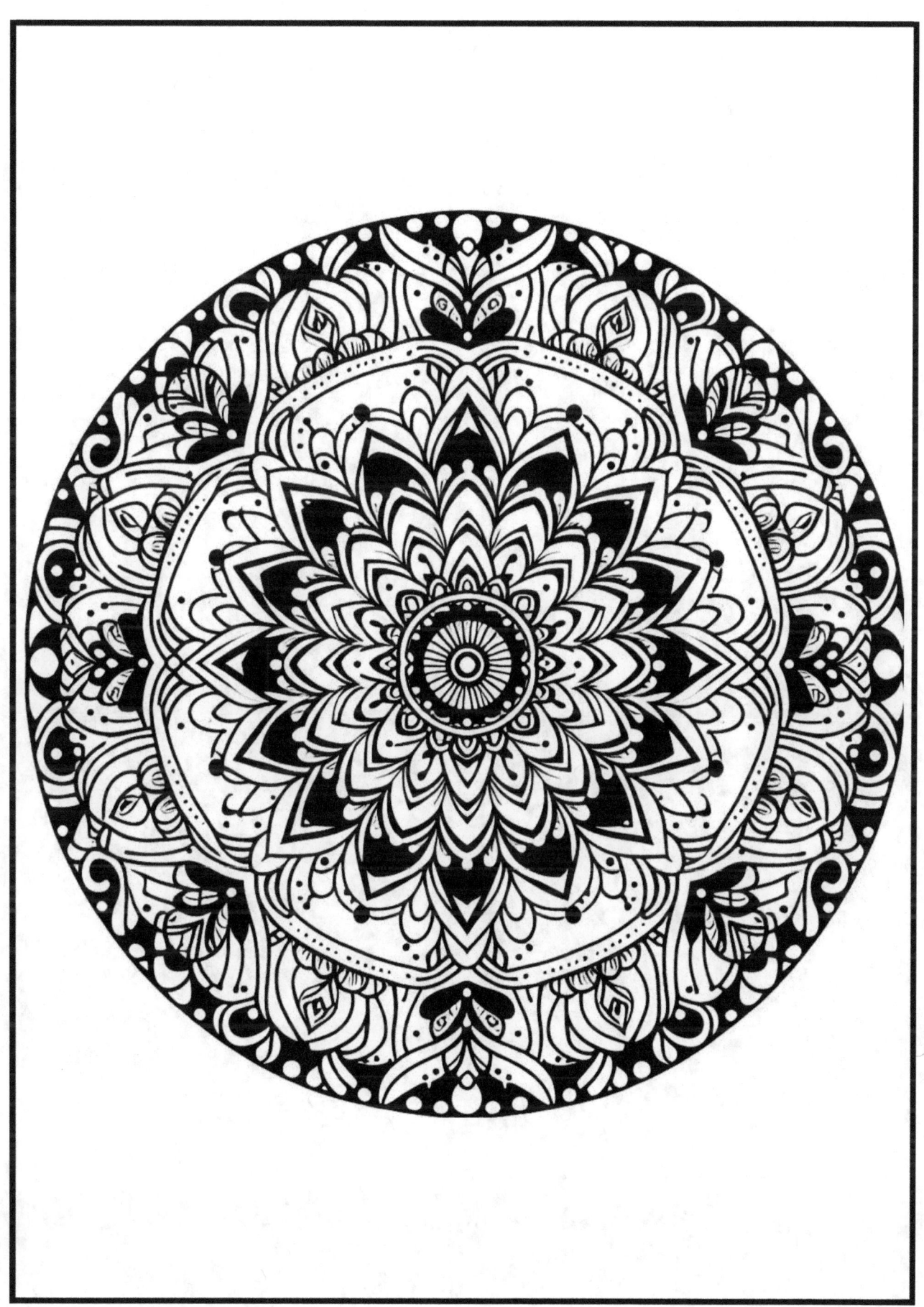

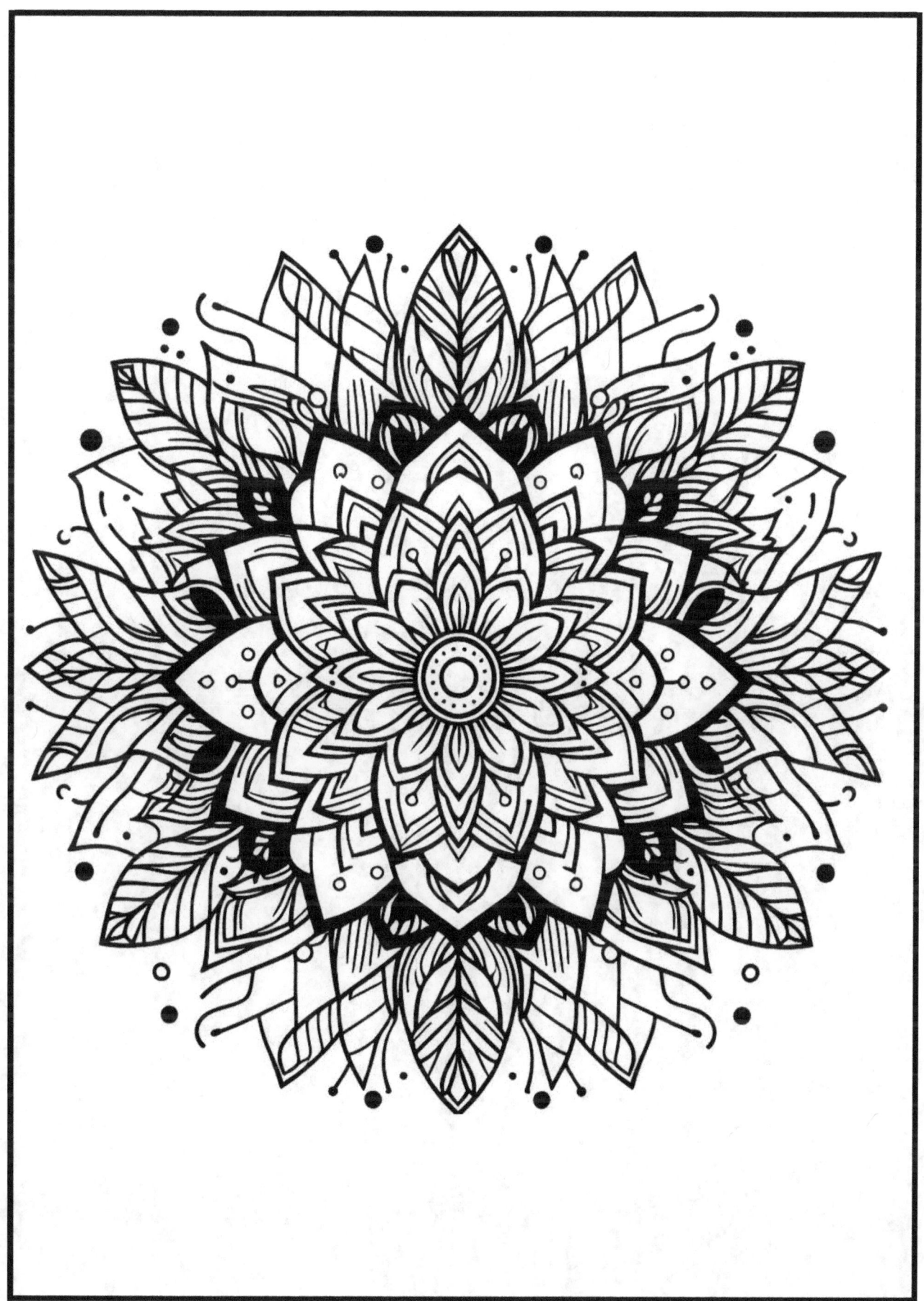

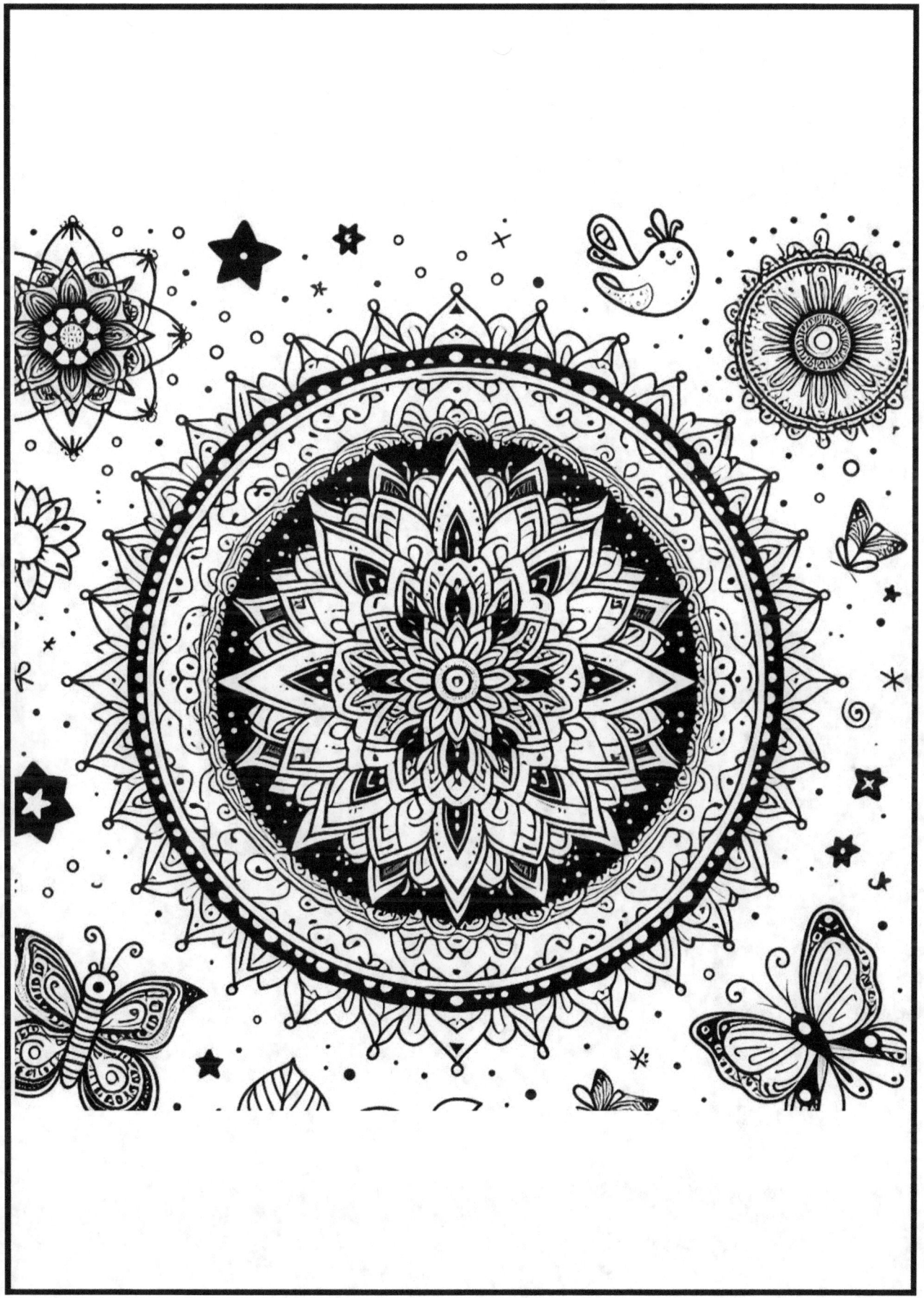

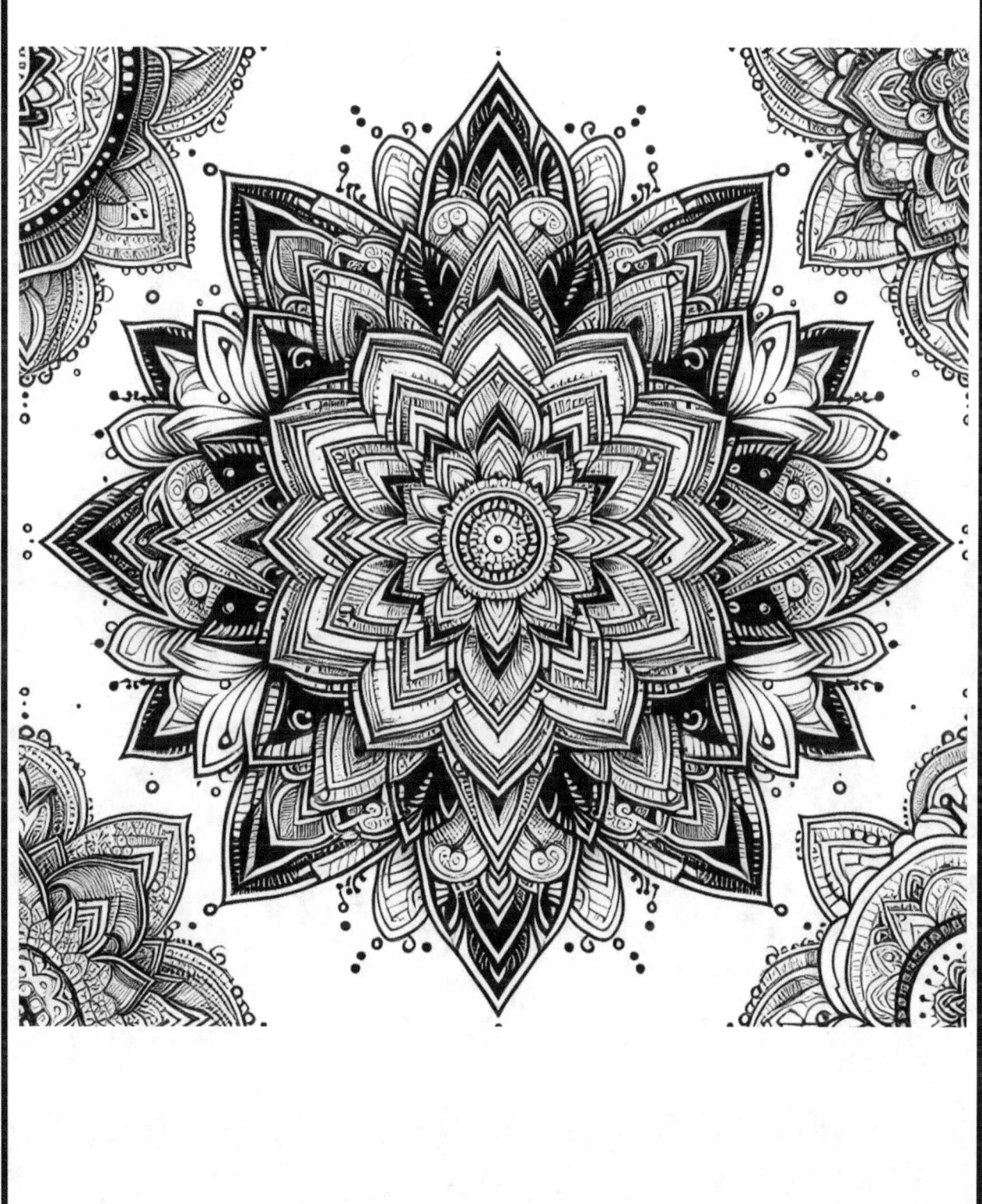

www.ingramcontent.com/pod-product-compliance
Lightning Source LLC
Chambersburg PA
CBHW081059290526
45795CB00006B/1920